KB003626

CS의 재탄생

어떻게 오프라인 기업들은 고객을 확보할 것인가?

CS의 재탄생

정지현 지음

프롤로그

완전히 혁신적인 고객만족 서비스가 시작됐다

1994년 시애틀의 주택가 차고에서 시작해 온라인으로 책을 팔던 아마존은 2018년 미국 증시에서 시가총액 1조 달러(한화 1,000조 원) 클럽에 등록하며 전세계 최고의 기업이 되었다. 아마존의 탄생 1년 뒤인 1995년 항저우에서 영어강사를 하던 한 청년은 웹 에이전시를 세웠다가 실패하고 1999년 전자상거래 회사 알리바바를 차렸는데 알리바바는 중국이라는 열악한 환경을 딛고 글로벌 브랜드 8위에 시가총액 약 560조 원의 기업이 되었다.

아마존과 알리바바의 약진은 상대적으로 오프라인 기업의 쇠락을 방증한다. 2019년 세계 시가총액 상위 10개 기업 리스트에는 애플, 구글, 아마존, MS, 텐센트, 페이스북 등 온라인 기반 기업들이 포진해 있다. 2008년만 해도 씨티뱅크, 엑손모빌, GE 등 금융, 에너지, 산업재 비중이 컸던 것과 확연히 대비되는 상황이다. 좀 더 자세히 살펴보면 글로벌 시가총액 톱 6 기업이 모두 IT 기업이다. 아마존을 비롯해 상위에 랭크된 기업들은 모두 'O2OOnline to Offline 플랫폼 서비스'를 제공하고 있다. 고객들은 O2O 플랫폼 서비스에 열

(왼쪽) 1994년 아마존 창업 시 차고 (오른쪽) 미국 시애틀에 있는 아마존 본사

광하고 있다. 여전히 경계를 명확하게 정의하고 사일로Silo 타워에 갇혀 있는 오프라인 기업들은 아마존과 알리바바가 무엇으로 고객의 마음을 사로잡았는지 궁금할 뿐이다.

아마존은 자신들의 성공비결을 '고객 집착'과 '데이터 집착' 두 개의 단어로 설명한다. 아마존은 어떻게 고작 그 두 개의 단어로 이렇게 놀라운 성과를 만들어냈을까? 아마존은 고객들이 자신의 플랫폼에 남긴 데이터들을 분석해 고객에게 먼저 서비스를 제안했다. 자신이 무엇을 원하는지 깨닫지도 못할 때 "이게 필요하지 않으세요?" 하고 고객의 옆구리를 찔러 "와우!" 하는 감탄을 이끌어냈다. 그렇게 아마존은 '세상에 없던 서비스'로 놀라운 성장을 이루어냈다.

2018년 1월 아마존은 오프라인에서 새로운 서비스를 시작했다. 아마존 고Amazon Go라는 O4OOnline for Offline 서비스인데 고객이 보기에는 평범한 리테일숍이다. 하지만 이곳에는 미소로 고객을 환대하는 종업원이나 결제를 도와주는 캐셔가 없다. 인공지능과 사

아마존 고

물인터넷 등의 첨단기술로 고객이 줄을 서서 결제를 기다리는 불편함을 없앴다. 아마존의 고객 집착은 이런 것이다. 고객이 말하지 않아도 고객에게 필요한 서비스를 찾아내 사업의 영역이나 경계를 만들지 않고 먼저 제공했다.

기존의 오프라인에 기반을 둔 기업들은 고객만족CS, Customer Satisfaction을 고객의 불만 해결, 친절 서비스, 매너 혹은 공짜로 제공하는 사은품 정도로 생각했다. 하지만 플랫폼에 기반을 둔 많은 기업들은 '고객만족=친절 서비스'라는 공식을 받아들이지 않았다. 플랫폼 기업들은 이전에 없던 서비스로 고객의 요구Needs가 아닌 숨은 욕구Wants를 해결해 고객의 마음을 사로잡았다.

이제 어떻게 고객 눈높이를 맞출 것인가?

O2O 기업들이 제공하는 플랫폼 서비스는 '고객만족의 재탄생'

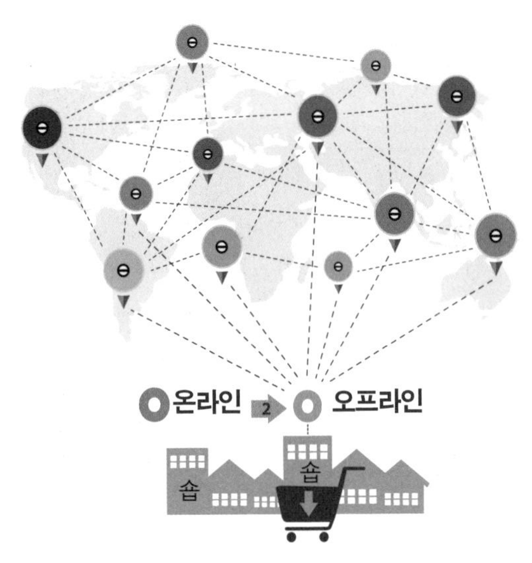

O2O 서비스

을 예고하고 있다. 스타트업이지만 기업가치가 1조 원이 넘는 유니콘 기업에 이름을 올린 우리나라의 쿠팡, 우아한형제들, 야놀자는 O2O와 O4O 서비스로 고객들에게 이전에 없던 서비스를 제공한다. 오프라인과 온라인을 연결하고 온라인을 넘어 다시 오프라인으로 진출하며 오프라인 기반 기업의 사업 영역들을 잠식해가고 있다.

이미 아마존과 우버는 아마존드Amazoned와 우버드Ubered나 우버라이제이션Uberization이라는 신조어를 탄생시키며 산업의 지각 변화를 일으키고 있다. 아마존이 진출한 오프라인 산업마다 기존 기업들은 모두 경쟁에서 도태되거나 파괴되어 타격을 입고 있고 공급자와 소비자가 직접 연결되면서 온라인과 오프라인이 구분되지 않는 상황으로 진화했다.

덕분에 고객은 이미 온라인과 오프라인의 구분 없이 시간과 장소에 구애받지 않고 쇼핑을 즐기고 있다. 오프라인 매장에서 구경하고 결제는 모바일로 하고 상품은 집에서 받는 상황이 펼쳐지고 있다.

이제 고객은 브랜드를 보고 제품을 선택하지 않는다. 친절한 직원이나 감동 넘치는 이벤트가 없어도 자신이 원하는 시간에 원하는 상품을 값싸게 받는 것에 매우 만족해한다. 고객들은 새벽배송, 개별 맞춤 서비스, 공유 서비스, 고급 음식도 배달해 집에서 먹을 수 있는 '새로운 서비스 경험'에 지갑을 연다. 여기서 이전에 없던 고객만족이 새롭게 탄생한다. 그러나 오프라인에 기반을 둔 기업들은 새로운 경험을 바라는 고객들의 진정한 욕구를 알지 못한다. 여전히 많은 기업이 "뛰어난 기술력이 있는 제품은 팔린다." "브랜드 충성도가 높은 고객은 반드시 찾아온다." "최저가로 승부한다." 등의 낡은 사고에 갇혀 있다.

플랫폼 기업들은 어떻게 고객욕구를 해결해주는가?

이제 중식당에서 제공하는 '공짜 만두'에 열광하고 직원들의 '친절, 미소, 인사'에 감동하는 고객은 없다. 죽느냐, 가느냐 생존의 위기에 처한 오프라인 기업은 획기적인 변화와 혁신이 필요하다. 지금까지 오프라인 기업의 고객만족CS은 일개 부서의 업무로 치부되어 '고객 접점 서비스' '고객의 요구사항 또는 불만을 해결해주는 것'과 같은 고정관념에 몰입되어 있었다.

오프라인이 고객의 요구사항에 대응하며 고객만족을 외치고 있을 때 O2O 기반 플랫폼 기업들은 고객이 인식하지도 못한 욕구를 찾아내 고객의 마음을 사로잡았다. O2O 기반 플랫폼 기업들의 이러한 다른 차원의 고객만족은 오프라인 기업이 갖지 못한 다양한 고객 데이터에서 출발하고 고객만족CS 팀만의 업무가 아닌 기업의 존재의 이유이자 핵심 전략이다.

4가지 핵심 전략

- 추천 서비스
  고객의 선택 시간을 줄여주는 서비스
- 공유 서비스
  소유하지 않고 이용할 수 있는 서비스
- 구독 서비스
  정기적으로 제공받는 서비스
- 맞춤 서비스
  비서처럼 개별적 모든 애로사항을 해결해주는 서비스

O2O 플랫폼 기업들은 추천Curation, 공유Sharing, 구독Subscription, 맞춤Concierge의 4가지 서비스로 고객의 요구가 아닌 욕구까지 해결하며 차별화했다. 또한 기존 서비스의 특징인 무형성, 이질성, 비분리성, 소멸성을 고객 이용 데이터로 보완해주면서 '요구를 넘어서 욕구를 해결하는 고객만족'을 구현했다. 사용후기와 같은 고객 데이터는 무형적인 서비스를 유형적으로 변화시켰고 대면 접점 서비스를 최소화해 고객응대의 편차를 획기적으로 줄이고 최고 수준의

균일한 만족을 추구했다. 또한 제조와 서비스도 완전히 분리해 최상의 서비스 품질을 제공한다. 관리자 시스템에 남은 이용 데이터도 지속적으로 고객 서비스 혁신을 위한 자료로 활용했다.

현재 전세계는 4차 산업혁명과 함께 모든 산업이 O2O 서비스 기반으로 재편되고 있다. 승자독식 비즈니스 모델이라는 비판에도 불구하고 그 성장세를 꺾을 수 없게 됐다. 오프라인 기업에게 남겨진 선택지는 플랫폼 기업을 뛰어넘거나 플랫폼 기업과 함께하는 것이다. 공급자 중심의 기술 집착 전략과 인건비를 줄이려는 기술개발은 대안이 될 수 없다. 핵심에는 고객이 있어야 한다. 고객 관점에서 연구하고 접근해야 아마존이나 알리바바와 같은 새로운 강자로부터 자신의 위치를 지켜낼 수 있다.

어떻게 오프라인 기업은 플랫폼 기업을 상대할 것인가?

안타깝게도 오프라인 기업의 잰걸음은 시대의 변화를 따라잡기에 역부족이다. 미국의 IT 업계를 선도하는 FAANG(페이스북, 애플, 아마존, 넷플릭스, 구글)이 송곳니fang를 드러내며 시장을 잠식해가고 우리나라에서 역시 O2O 유니콘 기업들이 이전에 없던 고객만족으로 소비자들을 유인하는 데도 마땅한 대안이 없어 속수무책이다.

특히 많은 오프라인 기업은 온라인 기업에 대한 무지와 환상이 있다. 그도 할 수 있으면 나도 할 수 있을 것으로 생각한다. 하지만 오프라인과 온라인이 다르듯 시스템도 인력도 핵심 가치도 다를 수밖에 없다. 오프라인 기업이 자신의 경험만으로 O2O 플랫폼 서비스를 시작한다는 것은 실패를 예고한 도전이다.

미국의 IT 업계를 선도하는 FAANG(페이스북, 애플, 아마존, 넷플릭스, 구글)이 송곳니를 드러내며 시장을 잠식해가고 있다.

현재 오프라인은 과도기를 겪고 있다. 넘버원을 희망했던 많은 오프라인의 제품과 서비스들이 '카테고리의 평준화'를 겪으며 고만고만한 제품과 서비스로 전락해버렸다. 게다가 오프라인은 사업의 규모가 커질수록 비용도 증가하기 때문에 온라인처럼 '한계비용 제로'를 기대할 수 없다. 머지않은 미래에 제조업과 서비스업 모두가 '서비스 산업화'되는 온오프라인의 재편이 실현될 것이다.

이제 오프라인 기업도 이전에 없던 것에서 새롭게 시작해야 한다. 4차 산업혁명까지 경험하게 된 인류는 잘 알고 있다. '혁명'은 점진적 혁신으로는 불가능하다. 혁명은 완전히 새로운 것이다. 트렌드를 주도하는 대부분의 20~30대 밀레니얼(1980년 초반~2000년대 초반 출생한 세대) 고객들은 온오프라인을 구별하지 않는다. 고객은 이미 경계를 허물며 자신을 만족시키는 서비스를 찾아 나서고 있다. 오프라인 기업들도 자신의 경계를 허물고 이전에는 갖지 못한 새로운 핵심역량을 구축해야 한다. 플랫폼 기업들이 1만 명에 대한 1만 가지 정보가 아니라 1명에 대한 1만 가지 정보를 얻기 위해 마이너스 성장을 감수하는 고군분투를 이해해야 한다. 플랫폼 기업들도 치열한 경쟁에서 살아남기 위해 스케일 업을 하고 있다.

오프라인은 자신들만이 제공할 수 있는 새로운 고객가치에 집중해야 한다. 플랫폼에서는 줄 수 없는 새로운 고객 경험을 통해 자신의 존재 가치를 인정받아야 한다. 이제 고객들은 브랜드에 대한 충성을 약속하지 않는다. 고객에게 필요한 혜택을 주거나 높은 가치 경험을 주는 것이 곧 브랜드 가치를 실현하는 길이다.

오프라인 기업이 걸어야 할 '혁신의 길'을 안내한다

그렇다면 오프라인 기업에게 남겨진 플랫폼을 뛰어넘거나 함께 가는 전략은 어떤 것일까? 현장에서 많은 기업이 O2O 플랫폼에서 실행해서 성공시킨 추천, 공유, 구독, 맞춤 전략을 그대로 벤치마킹했다가 실패한 사례를 많이 보았다. 단언컨대 카피는 창조의 어머니지만 결코 카피만으로는 창조가 되지 않는다. 플랫폼 기업의 성공 기법을 오프라인에 적용하기 위해서는 시장과 고객에 대한 분석부터 실무적인 디테일한 실행까지 각고의 노력이 필요하다. 전통적인 오프라인 기업의 뿌리에서는 실패할 확률이 높다. 플랫폼이 대세인 시대이지만 아직도 고객들은 오프라인에서 더 많이 소비하고 더 많은 브랜드를 만나고 더 많은 경험들을 쌓아간다. 그 사실을 알고 있는 O2O 기업들은 O4O 서비스로 진출하고 있다. 하지만 시간이 얼마 없다. O2O 기업들의 시장 잠식이 가속화되기 전에 오프라인 기업들은 O4O 서비스에 대한 고객 열광을 능가할 전략을 반드시 찾아야 한다.

오프라인 기업의 생존은 혁신에 달렸다. 아이러니하게도 플랫폼 기업 전성시대는 오프라인 기업들이 '혁신의 길'을 걷기에 가장 좋은 때이다. 이제 가능성의 실현은 기술과 자본의 문제가 아니라 방향성과 의지의 문제가 되었다. 오프라인 기업 모두에게 가능성은 열려 있다. 오프라인에서 필요한 기술력을 가지고 있는 유니콘 기업을 인수합병하는 유니콘 헤지Hedge나 O2O 기업과 전략적 제휴를 통해 플랫폼 기업에게 필요한 서비스는 무엇인지, 함께 협력해 얻은 데이터는 의미 있는지, 오프라인에 O4O 서비스를 적용했을 때 고객의 충성도가 높아지는지 끊임없는 연구와 실험을 해야 한다.

이 책은 오프라인 기업의 가능성에 초점을 맞춰 '혁신의 길'을 안내한다. 1장은 다소 고전적인 이야기로 시작한다. 그동안 오프라인 기업들이 목을 매온 '고객만족'이 21세기의 고객에게는 얼마나 무가치한 전략인지를 지적한다. 2장에서는 오프라인 기업을 따돌리고 성장의 고속도로에 올라탄 플랫폼 기업들이 어떻게 고객의 마음을 사로잡았는지 추천, 공유, 구독, 맞춤이라는 핵심 전략을 통해 분석한다. 3장에서는 전통적인 오프라인 기업은 어떻게 플랫폼 기업을 추격할 수 있을지 알아본다. 전통적인 오프라인 기업의 전략과 현재 진행되는 혁신의 방법들을 사례를 통해 들려준다. 마지막으로 4장에서는 오프라인 기업들이 자신의 경쟁력을 강화해 플랫폼 기업과 어떻게 공생 공영할 수 있을지를 제안한다.

4차 산업혁명 시대에도 여전히 과거와 같은 '기술 주도형' 성장 패러다임에서 벗어나지 못하고 정작 산업 현장에서의 필요한 '고객이 원하는 기술, 고객에게 가치를 인정받는 기술'에 대한 이야기는 전무한 것이 아쉬워 연구를 시작했다가 책으로까지 나오게 됐다. 고객과 서비스 분야를 공부할수록 자연과학과 달리 사회과

학은 '맞고 틀림의 문제'가 아닌 '다름의 문제'라는 것을 재확인하게 된다. 이 책에서는 온라인 기업과의 경쟁에서 '어떻게 오프라인 기업들은 고객을 지속적으로 확보할 수 있을까?'에 대한 혁신의 길을 제안한다.

2019년 8월

정지현

| 목차 |

프롤로그 완전히 혁신적인 고객만족 서비스가 시작됐다 • 5

1장 / 왜 오프라인 기업은 '고객만족'에 목숨을 거는가? 21

1. 산업 진화와 함께 고객불만은 시작됐다 • 23
고객만족은 어떻게 탄생했는가? • 23
고객만족이 '기업 중심 전략'에 멈춰 있다 • 26
21세기에서 서비스는 필수불가결한 요건이다 • 30

2. 기술혁명? 매뉴비스 모델이 늘고 있다 • 35
서비스 기업 선언 '더 이상 제조업이 아니다!' • 35
4차 산업혁명이 고객만족을 가져올까? • 38

3. 고객감동? 그러나 고객도 고객의 마음을 모른다 • 41
고객감동은 어디서 오는가? • 41
고객은 결코 합리적이지 않다 • 43
고객도 고객의 마음을 모른다 • 47

4. 빅데이터 시대에도 의미 있는 데이터를 가질 수 없다 • 51
고객 경험 데이터로 새로운 서비스를 제안한다 • 51
오프라인 기업의 데이터는 어디에 있는가? • 56
어떻게 고객만족을 위한 데이터를 얻을 것인가? • 57

5. 전문가도 신뢰할 수 없기는 마찬가지다 • 60
왜 전문가들은 오류를 일으키는가? • 60
과거의 패러다임을 버려라 • 62

2장 / O2O 플랫폼 기업은 무엇으로 고객을 사로잡았는가? 65

1. 추천, 공유, 구독, 맞춤은 진화가 아니라 혁명이다 • 67
고객이 바라는 건 기술이 아니라 욕구 해결이다 • 67
유니콘 기업은 고객이 말하지 않은 욕구까지 해결한다 • 69
O2O 플랫폼 기업의 핵심 서비스 추천, 공유, 구독, 맞춤 • 73
서비스 4.0의 핵심 전략 • 74

2. 추천 서비스: 고르는 수고를 덜어준다 • 76
큐레이션 서비스 핀터레스트 • 76
4세대 큐레이션 서비스의 등장 • 79
퍼스널 스타일리스트 스티치픽스 • 81
신선식품의 큐레이션 혁명 마켓컬리 • 87

3. 공유 서비스: 불황의 시대 합리적 소비의 아이콘 • 94
소유를 넘어 공유의 시대로 간다 • 94
'규제'와 '기존 사업'과의 갈등 • 97
공유 서비스의 진화는 계속된다 • 101
차량공유 플랫폼 쏘카 • 104
공유 오피스 플랫폼 위워크 • 110

4. 구독 서비스: 이익뿐만 아니라 재미도 선사한다 • 116
소유도 공유도 싫다! • 116
고객은 왜 구독을 하는가? • 120
구독 서비스로 소비의 패턴이 바뀌고 있다 • 124
구독 서비스의 효시가 된 정기배송 플랫폼 • 128

5. 맞춤 서비스: 시간의 가치를 높여준다 • 133
호텔 밖으로 나온 컨시어지 서비스 • 133
99%를 위한 가사도우미 플랫폼 • 138
음성 비서 플랫폼 • 141

6. CS의 재탄생을 예고한다 • 146
추천, 공유, 구독, 맞춤 서비스는 진화한다 • 146
고객이 바뀌었다 • 150

3장 / 오프라인 기업의 추격은 가능한가? 155

1. 오프라인은 물러설 곳이 없다 • 157
아마존이 세계를 재편하고 있다 • 157
진격의 오프라인 업체들의 선택은? • 163
옴니채널 이상의 전략이 필요하다 • 158
90%가 망하고 10%가 살아 남아 번성할 것이다 • 171

2. PB 큐레이션: 현명한 소비를 유도한다 • 178
가성비로 승부하는 오프라인의 PB 큐레이션 • 178
'빠르고 민첩하게' 오프라인 공룡기업의 혁신 • 180
'현명한 소비를 유도'하는 전략 • 182

3. 콘텐츠보다 콘텍스트에 집중하라 • 186
'취향저격' 고객 경험 전략 • 186
일본의 돈키호테 VS 한국의 돈키호테 • 188
콘텐츠의 시대는 갔고 콘텍스트에 집중하라 • 194

4. 가성비와 가심비로 승부하라 • 196
가성비의 시대 • 196
전통 서비스업인 호텔에도 폭풍이 몰아치고 있다 • 201
이젠 '세컨드 브랜드'로 가심비에서 승부를 걸고 있다 • 203

5. 공간의 경험을 제공하라 • 210
고객은 모바일로 쇼핑한다 • 210
오프라인의 모바일 추격이 시작됐다 • 213
고객의 욕구는 어떻게 변하고 있는가? • 216
고객에게 공간에서 경험을 제공하라 • 218
오프라인만이 할 수 있는 특별한 가치 전략 • 220

4장 / 혁신은 투쟁이 아니다! 경쟁할 수 없다면 함께 가라 223

1. 모든 비즈니스는 플랫폼에 대비하라 • 225
플랫폼 시대 선언한 F.A.A.N.G • 225
가치를 제공하면 규모는 커진다 • 231
확실히 경쟁하거나 아니면 함께하라! • 233

2. 확장되는 플랫폼에 올라타라 • 237
그러나 안일한 편승은 패배를 부른다 • 237
먼저 연구하고 그다음에 제휴하라 • 240
오프라인의 문제점을 해결하라 • 245

3. 라스트마일에 집중해야 한다 • 248
라스트마일로 승부한다 • 248
스마일박스부터 로켓배송까지 • 250
고객의 욕구는 계속 변화한다 • 253

1장

왜 오프라인 기업은 '고객만족'에 목숨을 거는가?

1
산업 진화와 함께 고객불만은 시작됐다

고객만족은 어떻게 탄생했는가?

'고객만족이 어떻게 탄생했는가?'를 이야기하기에 앞서 어느 대학교의 경영학부 교수님이 몸소 체험한 '서비스의 진화'를 전하고자 한다. 교수님의 아버지는 병원이 부족하고 의사가 흔치 않던 시절에 병원을 운영했다. 당시 의료 파트는 수요가 공급을 초과하던 시절로 '고객 지향적 서비스'라는 개념도 모르고 병원을 운영했다. 매우 고압적인 자세로 진료를 보았고 마음에 들지 않는 환자에게는 "다른 병원을 찾아가라"고 호통도 쳤다. 그런데도 환자는 끊이지 않았다.

세월이 흘러 교수님의 형님이 병원을 이어받게 되었다. 그런데 형님이 병원을 운영할 때는 세상이 달라졌다. 번화가뿐만 아니라 골목골목에서도 병원을 쉽게 찾아볼 수 있게 됐다. 형님의 병원 경영 방식은 아버지 때와는 사뭇 달랐다. 환자들에게 친절한 것은 말할 것도 없고 병원 분위기도 달리했다. 대기실을 편안하게 꾸미고 대기 중인 환자들이 이용할 수 있게 음료 서비스와 인터넷 서비스도 제공했다. 정기적으로 직원들에게 서비스 교육을 실시해 세련되고 편안한 병원이라는 이미지를 심어주도록 노력했다. 불과 한 세대를 넘어왔을 뿐인데 한국의 의료 서비스는 많이 달라졌다. 기존의 환자들은 의료 산업의 고객이 되었고 의료 서비스 제공자들은 '고객만족'을 실현하기 위해 고군분투하고 있다. 이러한 변화와 혁신이 어디서 시작되었는가 한 번 살펴보도록 하자.

사실 인류가 '서비스'에 열광한 시기는 채 100년이 되지 않는다. 인류는 수천 년 동안 농업경제가 기본인 산업 구조에서 살았다. 19세기 말 산업혁명이 일어나면서 인류의 역사가 송두리째 바뀌기 시작했다. 인류 역사상 처음으로 제조업을 기반으로 한 상품이라는 것이 만들어졌다. 우리는 이 과정을 통해 농경사회에서 산업사회로 옮겨왔다. 1940년대 영국의 경제학자 콜린 클라크Colin Grant Clark가 제안한 '산업 분류'에 따르면 자연에서 생산물을 가져오면 1차 산업이다. 이를 운반하거나 사용하면 2차 산업이다. 그리고 1차 산업과 2차 산업에서 나온 생산물을 소비하거나 축적하면 3차 산업이라고 하는데 서비스를 제공하기 때문에 '서비스업'이라고도 부른다.

'상품'은 산업사회의 결과물이다. 흔히 재화라고도 부른다. 그런데 1950년대 인류사에 굉장히 특이한 일이 벌어진다. 이전에 없던 '풍요'가 생겨났다. 처음으로 재화의 공급이 수요를 초과하기 시작한 것이다. 이전까지 인류는 풍요를 경험해보지 못했다. 결핍된 것을 채우기에도 버거운 생활이 계속됐다. 그러다 보니 대부분의 소비재를 구매한 고객들은 '만족'과 '불만족'의 경계가 모호했다. 유통채널을 통해 쉽게 일상용품을 구매하게 된 소비자는 대부분 얼마나 낮은 가격에 상품을 구할 수 있을지만 고민했다. 자신이 생각하는 낮은 가격에 구매가 이루어지면 '만족'이었다. 구매한 물건에 대한 불만은 구매한 물건이 제대로 기능하지 않을 때나 나타났다. 이때의 블만도 현대의 '고객불만'과는 다른 의미였다.

'소비자 불만'이란 것은 산업혁명 이후 기술개발로 생산과 관련된 문제들을 해결되면서 비로소 나타났다. 소비자는 구매할 수 있는 물건이 많아지면서 제품 이외의 것에도 관심을 가졌다. 판매자의 태도와 사용 중에 나타나는 문제들도 제품을 구매하는 과정에 영향을 미쳤다. 만족스럽지 않은 상품은 외면하고 더 많은 서비스를 요구하게 되었다. 그리고 비로소 기업들도 생산 이외의 활동에 눈을 돌리기 시작했다.

기업들은 이윤의 극대화를 위해 생산된 제품을 경쟁기업들에 비해 효과적으로 판매할 수 있는 방법을 찾기 시작했다. 이때부터 수요창출 수단으로 '마케팅'이 주목받게 되었다. 마케팅 업무란 제품과 서비스를 소비하는 고객에 대한 연구였다. 결과적으로 '고객 지향' '고객만족'이 강조되었다. 기업들은 '고객으로부터 외면 받는 기업 중심적 전략으로는 살아남을 수 없다'는 위기의식에서 고객만족 경영을 새로운 대안으로 인식했다.

그리고 1960년에 들어서야 미국마케팅학회AMA에서는 서비스에 대한 정의를 내리기 시작했다. 당시 미국마케팅학회에서 정의한 서비스는 '판매 목적으로 제공되거나 또는 상품 판매와 연계돼 제공되는 모든 활동, 편익, 만족'이었다. 하지만 서비스 산업의 발달로 서비스에 대한 정의 역시 진화를 계속했다. 2008년 발레리 자이사믈, 마리 조 비트너, 드웨인 D. 그렘러가 공저한 저서 『서비스 마케팅』에서는 '일반적으로 생산과 동시에 소비되고 최초 구매자에게 기본적으로 무형의 형태(편안함, 즐거움, 적시성, 안락함 또는 건강)로 부가된 가치를 제공하며 물리적 제품이나 건설과 같은 성과로 나타나지 않는 모든 경제적 활동'이라는 개념으로 확장되었다.

고객만족이 '기업 중심 전략'에 멈춰 있다

전문가들에 의해 개발된 각종 제품과 서비스는 발전을 거듭하면서 버전을 업그레이드한다. 마이크로소프트의 윈도만 해도 1985년 1.0을 낸 이후 2015년 10까지 발전했다. 그런데 서비스는 1.0 시대가 없다.

1차 산업혁명으로 상품을 기계로 제조하던 시기에는 서비스라는 개념 자체가 없었다. 제품에 하자가 없도록 품질 관리에 집중했다. 거대 산업화의 시기에 '고객만족'을 요구하는 소비자도 없었다. 2차 산업혁명이 시작되고 19세기에 들어서면서 대량생산체제가 형성된 후에는 상황이 달라졌다. 시장에 수많은 제품들이 쏟아져나와 경쟁이 치열해졌다. 이때부터 기업에서 서비스에 관심을 쏟기 시작했다. 포지셔닝 전략으로 '서비스 차별화'가 전개되었다. 세분화된 시장에서 목표 시장을 선정하고 경쟁 제품이나 서비스와 다른 차별적인 요소를 표적시장 내의 고객 머릿속에 각인시키

산업혁명의 진화 및 서비스 진화

구분	1차 산업혁명 (18세기)	2차 산업혁명 (19~20세기 초)	3차 산업혁명 (20세기 후반)	4차 산업혁명 (2015년~)
산업혁명 진화	증기기관 기반의 기계화 혁명	전기 에너지 기반의 대량생산 혁명	컴퓨터와 인터넷 기반의 지식정보 혁명	사물인터넷, 사이버물리시스템, 인공지능 기반의 만물 초지능 혁명
	증기기관을 이용한 방적기 발명으로 영국의 섬유공업 거대 산업화	공장에 전력이 보급되어 벨트 컨베이어를 사용한 대량 생산보급	인터넷과 스마트 혁명으로 미국 주도 글로벌 IT 기업 부상	사람, 사물, 공간을 초연결, 초지능화해 산업구조 사회 시스템 혁신
서비스 진화	없음	접점 인적 서비스 불만 해결, 애프터 서비스	비대면 서비스 가치제공 서비스	개인맞춤 서비스 고객욕구 해결

(출처: 정보통신기술진흥센터 자료 재구성)

는 마케팅 믹스 활동이 시작됐다. 경쟁에서 살아남기 위해 고객 접점 인적 서비스를 표준화하고 애프터 서비스AS로 차별화하는 '서비스'의 시대가 무대에 올랐다.

3차 산업혁명이 진행된 20세기 후반의 인터넷 시대에는 '가치'와 '스토리'를 강조하는 인간 중심 마케팅이 각광을 받았다. 오프라인뿐만 아니라 온라인에서도 '서비스'가 시작됐다. 비대면 서비스 매뉴얼이 등장했고 고객에게 정보를 전달하는 차별화된 서비스로 진화했다. 그런데 이러한 서비스의 발달에도 불구하고 불과 30~40년 전까지만 해도 고객만족은 그리 어려운 일이 아니었다. 서비스에 대한 기업의 소통 방법은 일방적인 통보와 흡사했다. 고객과 직접적으로 연결된 서비스의 개념과도 거리가 멀었다. 당시의 제조업들은 대중매체를 통해 대규모로 노출되는 광고와 홍보활동을 펼쳤다. 새로운 제품과 서비스가 어떤 것인지를 알렸다. 원하는 소비자는 구매를 했고 매출이 올라갔다.

이때까지 비즈니스라고 하는 것은 '만들어서 파는 것'이었다. 오프라인 제조업이 산업의 중심이었다. 고객의 니즈가 아니라 공급자의 의도에 의해서 상품이 만들어졌다. 고객도 충분했기 때문에 적당히 만들면 충분히 판매가 됐다. 여기에 영업력과 마케팅이 더해지면 공급자 중심의 '밀어내기' 소비가 강제되었다. 고객 서비스라는 것도 밀어내기의 한 방편에 지나지 않았다. 또한 고객 서비스 역시 제품 조립라인처럼 시스템화되는 경향이 강했다. 효율은 높이고 비용은 줄이려다 보니 기업에 도움이 되는 방식에만 집중했다. 고객 중심이 아닌 기업 중심의 사고로 접근했다.

대표적인 것이 '서비스 품질에 대한 평가'이다. 1972년 미국의 농산부에서는 농산품에 대한 고객만족지수CSI, Customer Satisfaction index를 발표했다. 고객만족이 평가의 개념으로 확립된 사건이었다. 이후 1990년대에는 기업의 주요 화두로 고객만족 경영과 측정이 추진되었다. 고객만족의 중요성이 강조되면서 기업의 실무자들과 학자들은 서비스 품질에 대한 적극적인 평가가 필요하다고 입을 모았다.

기업 경영 측면에서 매출액이나 이익 등과 같은 계량적 지표는 성과를 측정하는 가장 단순한 방식이다. 기업들은 고객만족을 숫자화하면 앞서 이야기한 지표들과 함께 미래 성장 가능성을 예측할 수 있다는 의도에서 고객만족지수 도입에 적극 나섰다. 이후 세계적인 기업은 물론 공기업, 정부기관, 대학 등과 같은 조직에서도 고객만족을 경영활동의 결과이자 달성해야 하는 중요한 목표로 설정했다. 특히 3차 산업인 호텔과 항공사 등의 서비스 업종에서는 고객만족을 가장 중요한 경영 성과로 인정하게 되었다.

기업에서 고객만족 개념을 적극적으로 수용하자 '고객만족을 관리하는 시스템'에 대해서도 연구가 이루어졌다. 기업에게 새로운 마케팅 환경에 맞는 고객 관리 체계를 만들고자 했다. 이렇게 개발된 것이 고객관계 관리CRM, Customer Relationship Management이다. 기업들이 가진 기술력이 상향 평준화되면서 고객 확보를 위한 경쟁은 날로 치열해졌다. 고객관계 관리는 기술력 이외의 부분에서 고객만족을 추구했다.

하지만 엄밀히 기업 입장에서 고객관계 관리는 고객에게 더 많은 행복과 이익을 가져다주기 위한 것은 아니었다. 고객에게 제품과 서비스를 판매하기 위한 목적으로 설계되었다. 그러다 보니 기업이 고객관계 관리를 위해 가장 먼저 한 일은 회사에 이익을 주는 고객과 이익을 주지 않는 고객으로 구분하는 것이었다. 기업은 과거 고객의 구매 데이터에 의존해 매출을 기준으로 고객을 구분했다. 그리고 고객의 일반적 행동과 구매 행동에 대한 정보를 모아 마케팅에 활용했다. 나아가 고객관리 방안으로 세분화된 시장에 맞춰 고객을 구분하고 효율성이 떨어지는 대중 마케팅을 대신하는 세분화된 타깃 마케팅에 집중했다. 결과적으로 고객이 진정으로 원하는 것에 대한 연구는 거의 없었다.

미국의 미래학자 존 나이스비트John Naisbitt는 '메가 트랜드' 시리즈에서 미래는 "산업 사회에서 정보 서비스 사회로 발전할 것"이라며 고객 중심 시대가 될 것을 예측했다. 시장구조가 생산자 중심에서 고객 중심으로 바뀐다는 것은 지금으로서는 너무나 당연한 이야기로 들린다. 하지만 2000년대 초반까지도 이러한 이야기는 '뉴노멀'에 관한 이야기쯤으로 여겨졌다.

21세기에서 서비스는 필수불가결한 요건이다

피터 드러커와 앨빈 토플러와 함께 세계 3대 경영학자로 꼽히며 국내에서는 『초우량 기업의 조건』의 저자로 유명한 톰 피터스Tom Peters가 국내 세미나에서 "불과 얼마 전까지만 해도 제대로 작동되는 제품STW: Stuff that works으로 성공할 수 있었지만, 지금은 그것만 가지고는 성공을 보장받을 수 없다."라는 말을 했다. 이제 기업은 온전한 상품을 만드는 제품력만으로는 경쟁력을 유지할 수 없다는 것이다. 시장 경쟁의 무게 중심이 솔루션에서 서비스로 그리고 고객 중심으로 이동하고 있다.

"커피는 서비스로 드립니다."

"제품은 1년간 서비스를 보증합니다."

"이 헤어숍은 서비스가 좋아."

우리가 일상적으로 흔히 사용하는 서비스라는 말에는 여러 가지 뜻이 있다. 그러나 이러한 표현은 서비스의 본질을 표현하지는 못한다. 앞의 문장에서 나타내는 서비스는 '무상으로 제공되는 것' '판매 후 제품을 유지하고 수리하는 일을 무료로 진행하는 것' '자세와 태도'의 다른 표현일 뿐이다. 이러한 것은 현대 사회가 이야기하는 서비스의 본질이 아니다. 덧붙여 일상에서 무심코 쓰는 서비스라는 용어는 대부분 지불하지 않아도 주어지는 부수적인 것, 중심적 가치가 아닌 것을 나타낸다. 고객 중심 전략에서 서비스는 이런 것이 아니다.

진화된 21세기에서 서비스는 필수불가결한 요건이다. 더 이상 부차적 요소가 아니다. 기업에게도 고객에게도 마찬가지이다. 서비스란 '기업이 고객들에게 무형적인 형태의 부가가치를 제공하기 위해 수행하는 모든 경제적 활동을 포괄하는 것'이다. 이로써 현재 우리는 서비스의 시대를 살고 있다고 해도 과언이 아니다. 2009년 등장해 미국 공유경제의 대표 사례로 꼽히는 '우버'를 살펴보자. 캘리포니아 주 샌프란시스코에서 운송 플랫폼으로 시작된 우버는 택시의 대안 서비스로 등장했다. 플랫폼에 등록한 공유차량을 승객과 연결해주고 승객이 요금을 지불하면 수수료를 받는다. 우버의 수익구조는 매우 심플했다. 하지만 당시만 해도 우버가 20년 후 최대 플랫폼 기업으로 세계의 이목을 받으리란 것을 예상하는 사람은 없었다. 우버는 2019년 5월 시가총액 697억 달러(82조 1,000억원)를 기록했다.

이러한 성과는 우버가 벌였던 '성공적인 고객 지향적 서비스' 덕분에 가능했다. 시간을 거슬러가보자. 우버가 등장하기 전 미국 고객들은 택시를 타려 할 때 차를 선택할 여지가 전혀 없었다. 택시를 타고 빠르고 안전하게 목적한 곳에 도착할 수 있었지만 그렇지 못한 상황들도 다수 벌어졌다. 우리나라에서도 과속, 불법합승, 운

공유경제 비즈니스 모델

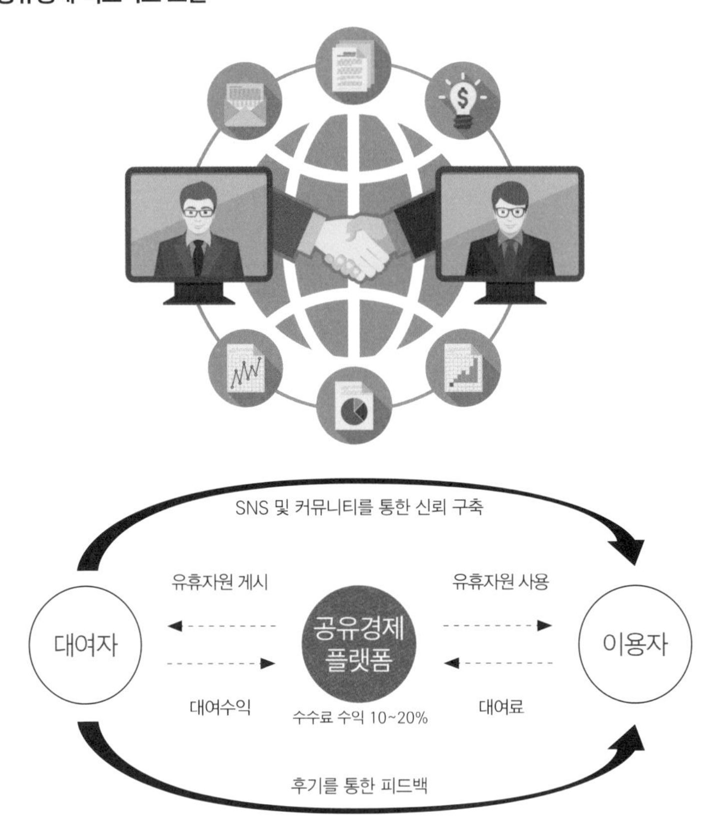

스마트폰 사용에 익숙한 밀레니얼(1980~2000년생) 세대가 공유경제를 주도하고 있다.

전자의 과도한 말과 불친절은 택시 승객들의 주요 불만 사항이다. 이러한 택시 서비스의 단점은 택시 시스템에서 기인했다. 택시는 거의 독과점 시장에 있는 운송수단이었다. 고객에게는 다른 대안이 없었다. 택시에서 불쾌한 경험을 겪더라도 그냥 타고 목적지까지 가야만 했다.

우버가 등장하면서 승객 운송 서비스에도 변화가 생겼다. 우버

우버 비즈니스 모델

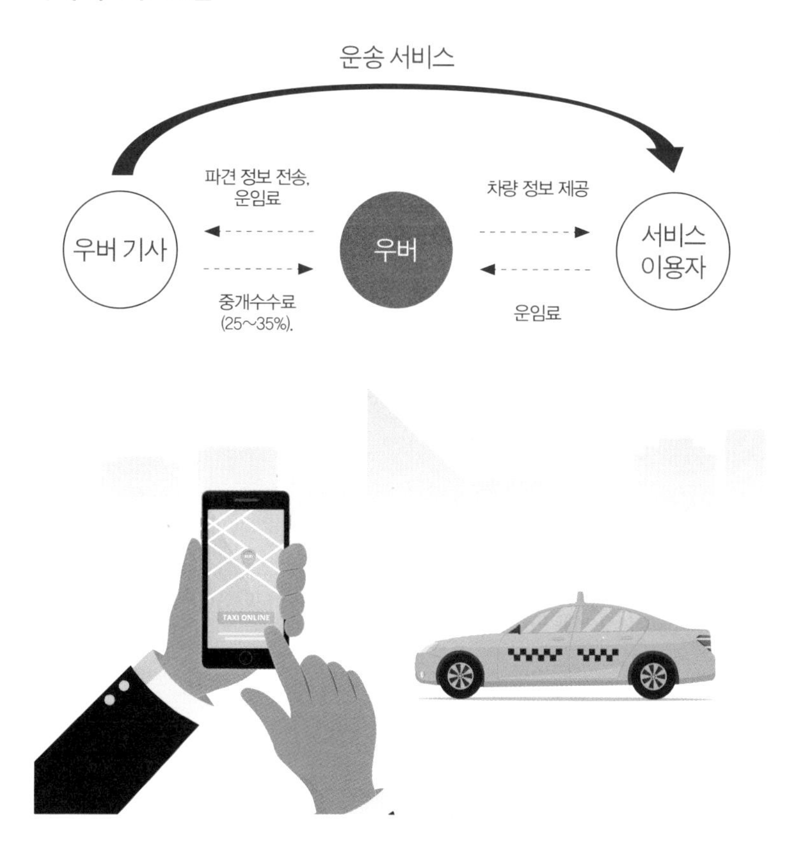

의 고객들은 차량과 운전자에 대한 사전 정보를 가질 수 있다. 이전에 그 운전자를 경험했던 다른 고객들이 운전자를 어떻게 평가했는지 확인할 수 있다. 자신이 그 운전자를 선택한다면 실시간 운전자 평가 서비스에 자신도 참여할 수 있다. 운전자는 더 나은 서비스를 제공하기 위해 노력하지 않을 수 없다. 결과적으로 고객들은 더 나은 서비스를 쫓아 우버를 선택했다.

진화한 21세기에서는 진정한 고객 중심 전략이 빛을 발하고 있다. 대안이 전혀 없거나 거의 없던, 이전 산업의 방식을 그대로 받아들이던 곳에서 새로운 서비스가 생겨났다. 고객들은 폭발적 반응으로 고객 중심 전략을 환영하고 있다. 나아가 4차 산업혁명은 전통적인 서비스 시스템을 바꿔놓고 있다. 기업들은 이미 인공지능, 사물인터넷, 빅데이터 등 4차 산업혁명의 핵심 기술력을 가지고 있다. 이들 기술들은 서비스를 제공하는 형식들을 변화시키고 있다. 고객에게 접근하는 방식, 고객과 접촉하는 방식, 서비스 행위의 본질에서 새로운 서비스 시스템 구축이 가능하도록 지원한다. 고객과의 관계에서 발생하는 다양한 접점들을 분석해 고객 중심 전략이 확대될 수 있는 시스템까지 제공하고 있다. 고객이 말하지 못한 욕구까지 해결하는 'CS의 재탄생'을 예고하고 있다.

2
기술혁명? 매뉴비스 모델이 늘고 있다

서비스 기업 선언 '더 이상 제조업이 아니다!'

일부 오프라인 제조 기업은 3차 산업혁명 중에도 '기술만으로 새로운 고객만족을 달성하기는 무리가 있다.'는 것을 진즉에 간파했다. 그리고 기술혁명의 한계를 해결할 묘안을 마련했다. 바로 '서비스 기업 선언'이다. 기업들은 산업혁명이 계속되는 중에도 기술 개발에만 의존해서는 지속적인 성장과 수익을 실현하기 어렵다는 것을 예견하고 서비스 기업 선언을 통해 새로운 수입 창출 영역을 개발했다. 대표적으로 자동차나 컴퓨터 등 오프라인 제조 기업들은 서비스 영역에서 높은 품질의 고객 서비스를 제공하기 위해 서비스 중심 기업으로 변신을 선언했다.

GE, IBM, 휴렛팩커드, 지멘스…… 이들은 미국을 대표하는 오프라인 제조 기업들이다. 이미 이들 기업들은 1990년대부터 자신들이 '서비스 기업'이라고 밝히며 변화를 시작했다.

GE의 잭 웰치 전 회장은 1995년부터 일명 '프로덕트 서비스' 전략을 도입하면서 '제조도 하는 서비스 기업'을 표방했다. 가전, 항공기 엔진의 제조 기업에서 소프트웨어 기업으로 변화를 시도하며 생산하는 제품과 관련한 유지·관리와 컨설팅 등의 솔루션을 판매하기 시작했다. 또한 애프터 서비스AS, 금융 서비스, 방송, 경영 컨설팅, 의료 및 공공 서비스 등의 서비스 부문에서 사업 영역을 확대함으로써 기업 성장을 가속화시켰다. 전통적 오프라인 기업이라는 인식이 강한 GE의 상당 부분 매출이 GE 캐피털, NBC 유니버셜 등 서비스 부문에서 나타났다. 새로운 CEO인 제프리 이멜트Jeffry Immelt 회장 역시 "우리 고객이 더 성공할수록 우리도 더 성공하게 될 것이나."라며 보다 광범위한 진문기술과 서비스를 제공함으로써 경쟁력을 강화해나갔다.

IBM도 비슷한 시기에 컴퓨터 하드웨어의 강자라는 타이틀을 내려놓았다. 이전에 IBM에서 서비스란 제조업 바탕으로 한 애프터 서비스에 국한됐다. 하지만 개인용 컴퓨터 등 수익성이 낮은 일부 제조업 분야를 포기하고 컴퓨팅 관련 컨설팅과 소프트웨어·솔루션 분야로 완전히 전환하면서 성과를 거두었다. 이익의 원천이 기술, 디자인, 제품에서 '얼마큼의 서비스가 제공되느냐?'로 바뀌면서 소프트웨어, 네트워크 시스템, 솔루션 서비스를 제공하는 추가 사업 수익을 올리기 시작했다. 지금도 GE와 IBM 매출의 절반 이상은 서비스 분야에서 나온다.

이처럼 글로벌 산업계에는 제조업과 서비스업의 경계를 넘나드는 매뉴비스Manuvice, Manufacture+Service 모델이 늘고 있다. 매뉴비스는 제조업 기반으로 물건을 만들어 팔던 기업이 서비스업으로 사업을 확장하거나 서비스 기업이 제조업에 뛰어들면서 만들어진 제품과 서비스가 결합된 새로운 비즈니스이다. 제조업 관점에서는 제품 기능을 서비스화해서 자원의 효율성을 극대화하는 제품의 서비스화Servitization가 이루어진다. 반대로 서비스 강화를 위해 제품을 부가하거나 서비스 제공자가 관련 제품을 출시하는 서비스의 제품화Productization도 포함된다.

4차 산업혁명 중에도 매뉴비스 모델은 각광받고 있다. 100년 넘게 오프라인 제조업의 대표주자로 활동해온 글로벌 완성차 오프라인 기업들의 활동이 두드러진다. 차량을 기반으로 한 서비스업에 진출하고 있다. GM은 차량용 에어비앤비격인 '메이븐Maven'을, BMW는 자동차 공유 플랫폼 '드라이브 나우DriveNow'를, 메르세데스 벤츠의 모기업인 다임러도 자동차 공유 서비스인 '크루브Croove'를 선보였다. 도요타의 아키오 사장은 아예 회사의 미래에 대해 '자동차 생산 업체'가 아니라 '이동 서비스를 제공하는 플랫폼'이라고 밝히기도 했다. 자동차를 만들어 파는 것에서 벗어나 자동차와 이용자와 주행환경이 생산하는 데이터를 수집하고 이를 활용할 수 있는 비즈니스 모델을 지향한다고 밝혔다.

전통적인 오프라인 제조업들의 서비스 기업화 선언은 제조와 서비스를 이분법적으로 구분할 수 없는 시대를 예고한다. 더불어 기술혁명으로 완성하지 못한 고객만족 솔루션의 새로운 패러다임이 열리고 있다는 것도 확인시켜 준다.

4차 산업혁명이 고객만족을 가져올까?

요즘은 어디를 가도 '4차 산업혁명'에 대한 이야기가 쉽게 화두로 올라온다. 이전의 산업혁명을 정의한 것은 영국의 문명비평가인 아놀드 조셉 토인비Arnold Joseph Toynbee였다. 18세기 증기기관이 만든 공장식 생산체계로 대표되는 1차 산업혁명, 컨베이어 벨트라는 상징을 갖고 표준화와 분업으로 전기를 이용한 대량생산이 가능했던 2차 산업혁명, 산업용 로봇과 인터넷 기술을 이용한 자동화와 디지털 혁명을 이끌었던 3차 산업혁명을 구분해 설명할 수 있다.

그리고 최근에 '4차 산업혁명'이 등장했다. 단어의 친숙함에도 불구하고 4차 산업혁명이라는 타이틀이 만들어진 것은 고작 3~4년에 지나지 않는다. 세계경제포럼WEF, World Economic Forum의 클라우스 슈밥Klaus Schwab 회장이 2016년 연례총회(다보스 포럼)에서 처음 꺼낸 말이다. 클라우스 슈밥은 정보통신기술 융합으로 만들어진 혁명의 시대를 '4차 산업혁명'이라고 명명하고 "4차 산업혁명 막이 올랐다"고 주장했다.

4차 산업혁명의 핵심 요소는 개별적으로 발달한 각종 기술이 융합되어 새로운 부가가치를 창출해내는 것이다. 디지털 기술을 기반으로 물리학과 생물학 기술이 융합적으로 빠르게 발전하면서 인간의 삶과 일 그리고 인간관계의 방식을 근본적으로 변화시킨다고 예고한다. 또한 새로운 물건이나 기술이 발명되거나 발견되면 파급되는 속도가 이전의 것과 비교할 수 없는 수준으로 빠를 것이라고 한다. 생산성이 비약적으로 높아지고 운반비용은 줄어들 것을

예상한다.

그렇다면 4차 산업혁명은 기업들이 그토록 달성하고자 하는 '고객만족'에 어떤 영향을 미칠까? 기존의 산업혁명 이전에 없던 '고객만족'이라는 개념을 탄생시키고 이를 해결하기 위해 악전고투했던 것에 비추어보면 4차 산업혁명이야말로 '고객불만을 해결할 끝판왕'이 되리라는 기대를 해보게 된다. 그러나 안타깝게도 이러한 기대는 기존의 오프라인 시장에서만큼은 아직 미온적으로 실현되고 있다.

실제 미국 노스웨스턴대학교 경제학과의 로버트 고든Robert Gordon 교수는 '지금이 전례없는 혁신의 시대인가?'라며 4차 산업혁명이 가져올 변화에 대해 의문을 제기한다. 그는 2017년 발표한 「미국의 성장은 끝났는가」에서 "인류 역사에서 독특한 경제 발전 시기는 1870년부터 1970년까지"라며 우리는 이미 혁신의 정체기에 접어들었다고 주장했다. 4차 산업혁명의 핵심 키워드인 인공지능, 사물인터넷, 빅데이터, 로보틱스, 3D 프린팅, 스마트 팩토리, 스마트 시티 등은 요란하게 혁신을 말하지만 이런 기술들이 매우 협소한 영역에서만 발휘될 뿐 현실에서의 성공적인 혁신을 이끌어내는 데는 실패했다는 이야기이다. 고든 교수의 분석을 보면 미국 경제의 생산성 증가율은 1920~1970년 평균 2.82%였는데 1970년부터 2014년까지는 고작 1.62%에 불과했다.

물론 4차 산업혁명은 여전히 현재 진행 중이다. 경제 성장이 곧 선이요, 기업 성공의 목표라고 보기도 어렵다. 4차 산업혁명이 고객만족에 부응했다 안 했다를 논하기에는 이른 감이 없지 않다. 하지만 온전히 기술의 효과를 기준으로 할 때 4차 산업혁명만으로 우리가 새로운 상품과 서비스가 만들어지는 이전의 기적을 경험하기 어려울 것으로 보인다. 대륙횡단철도가 놓이고 대부분의 가정에 세탁기가 들어오고 원하는 음식이 집까지 배달되는 첫 경험은 인류에게 한 번이었다. 이러한 만족을 대체할 수준의 '새로운 것'이 4차 산업혁명으로 만들어지길 기대하는 것은 무리일 수 있다.

그렇다면 우리는 '4차 산업혁명'과 '고객만족'에서 어떤 연결 고리를 찾을 수 있을까? 4차 산업혁명에 의한 서비스의 발전은 온라인에서 강하게 나타나고 있다. 유형의 자산을 바탕으로 한 오프라인 기업들은 기존의 시스템에 새로운 것을 받아들이기가 쉽지 않다. 플랫폼 기업들은 다르다. 온라인의 새로운 기술이 오프라인의 틈새 시장에서 간극을 매우며 새로운 서비스로 발전할 수 있다. 실제 온라인 기업들이 서비스 시장의 선두주자로 등극하고 있다. 이들은 오프라인 기업에서 바짝 뒤쫓는 상황이 벌어지고 있다.

3
고객감동?
그러나 고객도 고객의 마음을 모른다

고객감동은 어디서 오는가?

원론적인 이야기로 돌아가보자. 고객감동은 도대체 어디서 오는가? 앞서 설명한 대로 고객불만은 산업화의 결과물이다. 인류에게는 이전에 없던 가전제품이 만들어지고, 군대에서나 있을 법한 통신 장비가 안방에까지 들어오고, 인간의 노동력을 대체할 각종 제품들을 손쉽게 구하게 되면서 '새로운 세상'이 열렸다.

이때까지 소비자는 1980년대 CF에 등장할 법한 '상품에 만족하는 주부의 환한 미소'를 머금은 대상이었다. 그러나 기업이 더 많은 수익을 위해 제품을 세분화하고 비슷비슷한 상품이 진열장을 가득 채우기 시작하면서 고객들은 '더 나은 것'을 구분해야 하는 '선택의 고통'에 빠지게 됐다. 그리고 비슷한 시기에 '고객불만'도 생겨났다.

많은 상품과 다양한 비교 매뉴얼이 쏟아지면서 고객들은 비로소

'만족할 권리가 있음'을 각인하고 만족을 주지 못하는 제품과 서비스를 혹평했다. 이후 기업들이 앞다투어 '고객만족'을 외치며 품질과 가격뿐만 아니라 서비스에까지 관심을 가지기 시작했다. 그 사이 기업들도 고객만족도가 높아지면 기업의 전반적인 평판이 좋아지고 평판이 좋아지면 신제품 도입 시 큰 도움이 된다는 것을 간파했다. '고객만족'을 기업 성장의 보증수표는 아니더라도 필수불가결한 요소라는 것은 알아차리게 됐다. 그렇다면 소비자들은 어디서 고객감동을 느끼게 될까? 무료 커피, 1년간의 무상 애프터 서비스, 친절함과 배려……. 물론 이런 것들에 감동하는 고객들도 있다. 하지만 이러한 보편적 서비스가 고객만족 경영의 전부는 아니다.

기업들은 놀지 않았다. 1990년대 고객만족을 통해 재품과 서비스의 재구매를 유도하는 '고객만족경영'은 2000년대 들어 고객의 경험을 중시하는 '고객경험관리 경영'으로 변화되었다. 고객만족 경영이 사후 만족에 중점을 두고 개선점 도출에 집중하던 시스템이었다면 고객경험관리 경영은 고객이 제품과 서비스의 사용은 물론 구매 전 과정에서 긍정적 경험을 할 수 있도록 경험체계를 설계했다. 실제 고객 경험을 나누어 세부적으로 대응 매뉴얼을 제공하고 전 과정에서 고객들이 만족할 수 있도록 관리하는 고객 경험 관리 전략이 완성됐다. 아직까지도 이 전략은 대다수 오프라인 기업들의 CS 전략이 되고 있다.

많은 오프라인 기업들은 적지 않은 예산을 고객 경험 관리 전략에 투여한 만큼 고객의 만족도를 평가하는 고객만족지수에도 높은 관심을 보였다. 일반적으로 기업은 1년에 4회 정도 분기별 이용 고객을 대상으로 만족도를 묻는 설문조사를 한다. 진행 프로세스는 설문 문항을 설계하고 대상자를 선정해 리서치 업체에 의뢰하는 형태가 일반적이다. 지면 설문조사를 하거나 모바일 설문조사를 한 후 결과를 분석해 개선점을 도출한다. 고객만족지수의 진가는 '목표 설정'에서 드러난다. 많은 기업들이 고객만족지수 점수를 놓고 경쟁사와 자사를 비교 평가한다. 이종 업체를 경쟁사로 두는 경우도 많다. 예를 들어 식품회사에서 항공사의 고객만족지수를 목표로 하는 식이다. 기업은 선도기업의 점수보다 낮으면 고객만족지수를 높이기 위한 전략을 새로 구상하고 선도기업보다 높은 고객만족지수를 획득하면 자축의 무드에 빠진다. 고객들이 어디에서 감동을 느꼈는가보다 점수화된 고객만족에 더 큰 의미를 부여하는 실정이다.

그런데 안타깝게도 현장에서는 고객만족지수 점수와 고객 개개인의 만족도 사이에 차이를 보이는 경우도 상당하다. 기업에서 고객만족 경영을 추진하고 고객만족지수에서 높은 점수를 획득했다고 해도 현장에서 서비스를 받은 고객들을 인터뷰해보면 기업들이 제공한 서비스에 대해 감동을 느낀 경우는 거의 없다. 안타깝게도 왜 이러한 괴리가 나타나는지 알려고 하는 기업도 많지 않다.

고객은 결코 합리적이지 않다

기업에서 고려하는 고객은 이성적이고 합리적인 사람이다. 흔히 경제학 모형에서 '호모 이코노미쿠스homo economicus'로 불리는 이콘Econ은 최적화 모형을 선택한다. 합리적 선택을 기대한다. 수요가 증가하면 가격은 상승한다. 공급이 증가하면 가격은 하락한다. 경제학 이론 중에 베이직에 속하는 '수요와 공급 이론'은 현실에서도 적용된다. 경제학은 최적화와 균형을 중시하며 소비자 역시 이성적이고 합리적인 이콘으로 가정하고 있다. 그래서 현실 경제에서 기업은 고객을 이콘으로 가정하고 서비스를 개발해 문제를 발생시킨다.

1990년 시카고 지역의 최대 은행이었던 퍼스트 시카고 은행First Chicago Bank의 서비스에 대해 살펴보자. 당시 퍼스트 시카고 은행의 최고경영진은 충분한 수익을 내지 못하는 소매금융 사업부를 걱정스러운 눈길로 바라보고 있었다. 이에 그들은 비용절감 차원에서 고객들이 최근에 도입된 ATM 기기를 더 많이 사용하도록 유도하고자 했다. 대부분의 고객들은 ATM 기기 서비스를 쉽게 사용하는 것을 꺼리고 있었다. 직접 은행원을 만나 업무를 처리하고자 했고 새로운 기술을 달가워하지 않았다. 돈을 인출할 때에도 꼭 은행원을 찾았다. 퍼스트 시카고 은행은 ATM 기기로 가능한 업무를 처리하기 위해 은행원을 찾아가는 고객들에게 3달러의 수수료를 부과함으로써 자연스럽게 ATM 기기 사용으로 유도하고자 했다. 퍼스트 시카고 은행은 이러한 혁신에 대단한 자부심이 있었고 새로운 상품 출시 광고와 함께 적극 홍보해나갔다.

그러나 대중들의 반응은 즉각적이고 가혹했다. 한 지역 신문은 '인간의 손길을 잃어버린 퍼스트 시카고 은행'이라는 헤드라인을 게재했다. '퍼스트 시카고 은행은 오늘 1990년대 고객의 취향에 어울리는 획기적인 최첨단 당좌예금 상품을 출시했다. 이들은

1990년대 고객들이 무엇을 원하고 있다고 생각한 것일까? 3달러를 지불하고 은행원을 만날 수 있는 특전'이라고 비판했다. 경쟁 은행의 공격은 매우 신속했다. 한 은행은 고속도로 지점에 '은행원 무료'라고 적힌 간판을 걸어두었다. 또 다른 은행에서는 '고객님, 질문하시면 별도의 요금이 청구됩니다. 업무처리 1건과 질문을 2번 하셨으니 총 9달러입니다.'라고 비꼬는 광고를 냈다. 결국 퍼스트 시카고 은행은 실제로 지불한 사람이 거의 없었던 3달러 때문에 온갖 비난에 시달려야만 했다. 12년 후 2002년 국립은행에 매각된 후 새로운 경영진이 기존 정책을 포기하겠다고 발표할 때까지 이어졌다. "시장점유율에 자만하여 좋은 모습을 보여드리지 못했다"고 마무리했다.

기존 경제학의 관점에서라면 고객이 3달러 수수료 내야 한다면 ATM 기기를 이용하거나 지점에 가지 않을 것이라고 예측한 것이다. 은행이 근처에 있고 꼭 지점을 이용해야 한다면 어쩔 수 없이 3달러를 지불하는 선택도 있다. 하지만 당시 대부분의 고객은 불매운동을 벌였다. 우리는 퍼스트 시카고 은행 사건에서 인간이 '이콘'이 아니라 '휴먼'이라는 힌트를 얻게 된다. 인간에게는 비합리적이고 비이성적 측면이 다분하다는 '행동경제학'이 탄생한 지는 불과 40년밖에 되지 않았다. 2017년 노벨경제학상을 받은 리처드 탈러Richard H. Thaler 교수의 『넛지』를 통해 그 지평을 넓혔다.

행동경제학은 기존의 전통적인 경제학에서 가져온 상식을 가볍게 깨부순다. 인간은 선택의 폭이 넓어지고 자유가 많아질수록 만족도가 높아진다고 예측한다. 하지만 행동경제학의 관점은 다르다.

미국 스워스모어 대학원 심리학과 배리 슈워츠Barry Schwartz 교수는 마트에서 잼 시식회를 기획했다. 시간 차이를 두고 진행된 잼 시식회에서 '달랐던 것'은 잼의 개수였다. 한쪽은 6가지 잼을 진열하고 다른 한쪽은 24가지 잼을 진열해 판매했다. 이전까지 제시된 선택지와 소비자의 구매 성향에 대한 일관된 연구결과는 없었다. 상식적으로 많은 선택지가 더 좋은 선택을 하기에 적합하다는 추론을 해볼 수 있다. 실제 소비자들의 가판대 선호도 자체는 24개의 잼이 진열되었던 시식대가 60%로 높았다. 하지만 판매 결과는 예상을 완전히 뒤집었다. 6개의 잼을 진열했던 가판대의 잼이 30%의 판매율을 보인 반면 24개의 옵션을 제공한 가판대에서는 3%의 판매율만 나타났다. 이를 슈워츠 교수는 '선택의 역설'이라 명명했다. 선택지가 많은 상황이 결코 좋지 않다는 것이다. 소비자들은 더 많은 정보가 필요하고 기회비용이 발생하는 선택을 달가워하지 않는다.

이 밖에도 비합리적 존재인 휴먼은 위험이 발생할 때 손실을 최소화하려는 '손실회피 성향'을 가지고 있고 후회하지 않기 위해 고민을 많이 하는 '후회회피 성향'도 가지고 있다. 또한 똑같은 돈이라고 해도 사용처에 따라 이름을 붙이고 관리하는 심리계좌Mental accounting의 개념도 가지고 있다. 이러한 휴먼의 특징을 한마디로 정리하면 비합리성이다.

사실 고객에게 기쁨을 주고 사랑받는 데 익숙한 기업에게 '고객은 이콘이 아니라 휴먼이다'는 사실은 그리 달가운 소식이 아니다. 고객이 비이성적이고 비합리적이라는 전제는 고객만족지수를 통해 고객의 만족을 계량화하는 것이 실패할 수밖에 없다는 것을 강하게 암시한다. 또한 기존의 고객관계 관리에 많은 허점이 있다고 지적한다.

고객도 고객의 마음을 모른다

1985년 봄 코카콜라에서는 '뉴 코크'를 출시했다. 무섭게 치고 올라오는 펩시의 공격에 맞서기 위해 노후화된 브랜드 이미지를 탈피하고자 내놓은 야심작이었다. 뉴 코크는 100년 가까이 고수하던 전통의 맛과는 다른 것이었다. 2년에 걸쳐 400만 달러의 거금을 들여 고객 20만 명을 대상으로 맛 테스트를 진행한 만큼 성공은 따놓은 당상이었다. 그러나 어이없게도 결과는 참담한 실패였다. 사람들은 예전의 맛을 돌려달라고 아우성이었고 회사는 '코카콜라 클래식'을 다시 내놓았다. 코카콜라는 어디에서 실패한 것일까?

전문가들은 코카콜라에서 소비자 설문조사를 할 때 단편적인 맛에 대한 분석에 국한한 것을 실패의 원인으로 꼽았다. 블라인드 테스트에서 좋아하던 맛이 기존 코카콜라의 대체제가 될 수 없다는 것을 예측하지 못했다. 미국인에게 어렸을 때부터 함께한 코카콜라는 음료 이상의 상징이었다. 새로운 코카콜라가 오리지널의 향수를 사라지게 할 것이라고 생각한 소비자들은 감성적 불안감을 폭발시켰다.

이후 코카콜라는 뉴코크의 실패를 거울삼아 '코카콜라는 행복이다.'라는 브랜드 마케팅을 본격적으로 적용했고 이로써 전세계에

코카콜라는 뉴코크의 실패를 거울삼아 '코카콜라는 행복이다.'라는 브랜드 마케팅을 본격적으로 적용했고 이로써 전세계에서 사랑받는 음료로 성공했다.

서 사랑받는 음료로 성공했다.

코카콜라의 실패는 '고객 의견에 답이 있다'는 기존의 마케팅 이론에 찬물을 끼얹는 대표적인 사례이다. 많은 기업에서는 소비자가 가진 '고객만족'의 답을 알아내려고 혈안이 돼 있다. 하지만 사실 코카콜라의 사례처럼 고객조차 자신의 만족 포인트를 모르는 경우가 대부분이다. 초콜릿을 좋아하는 고객은 "단맛이 좋아서."라고 이야기하고 술을 좋아하는 고객은 "취하는 것이 좋아서."라고 답한다. 그러나 조금만 더 깊이 들어가서 "왜 사탕이 아니고 초콜릿인가?" "초콜릿 중에서도 왜 하필 A 브랜드인가?"에 정확한 답을 할 수 있는 고객은 많지 않다. 취하기 위해서라면 "왜 맥주나 양주는 아니고 소주여야 하는지?" "소주가 좋다면 왜 A 브랜드는 안 되고 B 브랜드여야 하는 것인지?" 답을 해줄 소비자가 과연 있을까?

핵심은 답이 없다는 것이 아니다. 선택의 주체인 고객조차 자신이 왜 그런 선택을 하고 있는지 이유를 알지 못한다는 것이다. 이러한 '고객의 무지'는 고객만족지수와 같은 고객 설문조사에서 여실히 드러난다. 기업은 고객만족지수를 금과옥조처럼 여기며 미래 설계의 지표로 생각하지만 고객 입장에서 고객만족지수는 실제가 아닌 '그랬으면 하는 것' 혹은 '편한 대로 내뱉은 대답' 정도일 수 있다.

『뉴욕타임스』에서는 일반인을 대상으로 "화장실을 다녀온 뒤 손을 씻느냐?"라는 질문을 했고 95%에게서 "그렇다"는 답을 얻었다. 하지만 실제 미국미생물협회American society of microbiology에서 5개 도시의 붐비는 화장실에서 사람들을 관찰한 결과 여성의 67%, 남성의 58%만이 손을 씻는다는 결과를 얻어냈다. 또한 국내에서는 2016년 덕성여대 문화인류학과 연구팀에서 참여자들의 일상생활을 모두 관찰한 후 면담을 실시했는데 참여자의 일상생활과 참여자가 답한 시간 할애에서 차이가 두드러지게 나타났다. 특히 20대 남성은 관찰된 것보다 긴 시간을 공부에 썼다고 답했고 게임에는 더 짧은 시간을 썼다고 답했다.

이러한 연구결과를 종합하면 사람들은 다른 사람들에게 좋게 보이거나 좋은 인상을 줄 수 있는 응답을 하려는 경향이 보인다. '실제로 한 일'보다는 '그래야 하는 일'을 말한다. 사회학자들은 이를 '사회적 바람직성 편향social desirability bias'이라고 명명했다. 자신의 평판, 위신, 체면을 관리하기 위해 자신의 생각과 다른 답을 내놓기도 하는 고객들을 대상으로 설문조사나 인터뷰를 한들 정확한 답을 듣기는 어렵다. 고객은 말과 행동이 다르고 심지어 자신의 생각을 말하는 것도 어렵다. 고객에게 "뭐가 필요해?"라고 묻는 것은 자칫 의미 없는 데이터를 양산하는 지름길일 수 있다. 따라서 많은 시행착오를 경험한 마케팅 전문가들은 "묻지 말고 관찰하여 고객도 인지하지 못한 것을 인지하도록 하라!"는 말을 바이블로 제시하고 있다.

그리고 고객을 잘 관찰하고 이를 서비스 제품으로 출시하고 있는 이들이 있다. 바로 O2O 플랫폼 기업들이다. 다양한 맛집의 음식을 골라서 먹고 싶지만 번거로움은 싫은 이들의 욕구를 해결한 배달 플랫폼 기업, 원하는 시간에 신선식품을 배송받아서 냉장고에 넣고 싶은 주부의 욕구를 해결한 신선식품 유통 플랫폼 기업, 번거로운 집안일을 저렴한 가격에 손쉽게 해결하고픈 욕구를 해소하는 홈 클리닝 플랫폼 기업 등 이미 스마트폰 안에는 '귀차니즘'을 해결해줄 무수한 앱들이 깔려 있다. O2O 애플리케이션들을 개발한 플랫폼 기업들이야말로 고객도 모르는 고객의 욕구를 찾아서 해결한 고객만족의 최전선을 달리는 이들이라 하겠다.

4
빅데이터 시대에도 의미 있는 데이터를 가질 수 없다

고객 경험 데이터로 새로운 서비스를 제안한다

앞서 소비자는 말과 행동이 일치하지 않는다고 강조했다. 또한 소비자 니즈에는 '표면적 니즈'와 '숨겨진 니즈' 두 가지 유형이 존재한다. 표면적 니즈는 현재 필요한 요구사항으로 그나마 쉽게 표현할 수 있다. "물 주세요!" 한 마디면 된다. 하지만 숨겨진 니즈는 희망사항과 같은 욕망이다. 소비자가 잘 표현하지 않으려고 하거나 인식하지 못하고 있어서 표현할 수도 없는 니즈이거나 표현할 필요가 없는 니즈를 말한다. "물이 필요한 이유는 '갈증'을 해소하기 위해서 입니다."라고 잘 말하지 않는다는 것이다. 그냥 몸이 '갈증난다'를 느끼면 반사적으로 '물'을 떠올리는 사람도 있고 '스파클링 워터'를 떠올리는 사람이 있고 '이온음료'를 떠올리는 사람이 있기 때문에 내면의 숨겨진 니즈까지 설명하지 않고 잘 생각하지 않는다. 행동경제학자 대니얼 카너먼은 '연상작용'에 의해 이러한 현상이 나타난다고 설명한다. 사람마다 다르지만 '갈증=물'과 같이 순간 떠오르는 단어를 그냥 말하는 것이라고 한다. 고객은 연상작용을 통해 표면적 요구사항을 전달하고 있지만 사실 자신의 욕구, 즉 내면적 욕망은 해결하지 못할 수도 있다. 또는 욕구를 잘 해결하고 있다고 착각할 가능성도 크다. 스마트폰이 세상에 나오기 전까지 사람들은 스마트폰이 필요하다는 생각을 하지 못했고 욕구가 있다는 것도 말하지 못했다. 한 번쯤 어떤 상황 속에서 '이런 게 있다면 좋을 텐데…….'에 해당하는 숨겨진 니즈는 잘 말하지 않거나 상상만으로 끝나는 니즈이다.

하지만 최근 O2O 플랫폼 기업들의 성공사례를 살펴보면 고객에게 숨겨진 니즈까지도 해결한 경우가 다빈사다. 웹 기반의 파일 공유 서비스로 유명한 드롭박스의 경우 창업자가 보스턴에서 뉴욕으로 가는 버스를 기다리던 중 코딩 작업에 필요한 USB를 집에 두고 온 것을 알아채고 'USB 메모리 없이 언제 어디서든 파일을 꺼내 쓸 방법'을 궁리하다가 창업했다. 국내에서 선풍적인 인기를 끌고 있는 마켓컬리 역시 맞벌이 가정의 주부인 창업자가 '내가 집에 있는 시간에 신선한 먹을거리를 배달받을 수 없을까?'를 궁리하다 회사까지 차리게 됐다. 2018년 전세계에서 유료 가입자 2억 명을 확보한 넷플릭스 역시 비디오테이프의 반납 기일을 넘겨 상당한 연체료를 지불하게 된 남자가 '왜 비디오 대여점은 헬스클럽처럼 월 회비만 내면 원하는 만큼 이용할 수 없는 걸까?'를 고민하다 탄생했다.

이와 같이 한 번쯤은 생각할 수 있었던 단순한 아이디어 같지만

스티치픽스는 소비자가 미리 알려준 취향에 맞게 정기적으로 전문 스타일리스트가 골라준 5개 종류의 패션 아이템을 집으로 보내주는 서비스를 제공한다. (출처: 스티치픽스)

숨겨진 고객 니즈를 해결해 창업에 성공한 기업들의 사례를 보면 자신들에게 가장 필요했던 것은 '고객 경험 데이터'였다고 말했다. 고객 내면의 욕구까지 해결하는 데 데이터야말로 최고의 무기였다고 강조한다.

O2O 기업은 단어 뜻 그대로 온라인이 오프라인으로 옮겨온 기업들이다. 정보 유통 비용이 저렴한 온라인과 실제 소비가 일어나는 오프라인의 장점을 접목해 O2O 기업은 새로운 시장을 만들었

다. O2O 기업들은 온라인에서 고객의 데이터를 수집한다. 그러다 보니 기존 이용 정보에서 고객의 욕구를 고객 경험 데이터로 미리 찾아내 제안할 수 있다. 대부분의 플랫폼 서비스를 제공하는 O2O 기업은 고객별 이용 패턴을 파악하기 유용하다. 오프라인 서비스와 비교하며 고객 욕구를 파악한 양질의 데이터를 확보할 수 있다.

2011년 '온라인 개인 스타일링 서비스'를 표방하며 문을 연 미국의 스티치픽스Stitch Fix는 290만 명에 달하는 유효 고객을 보유하고 있고 연간 매출액은 1조 원을 훌쩍 넘겼다. 스티치픽스는 소비자가 미리 알려준 취향에 맞게 정기적으로 전문 스타일리스트가 골라준 5개 종류의 패션 아이템을 집으로 보내주는 서비스를 제공한다. 스티치픽스의 주 수입원은 20달러의 '스타일링 비용이다. 스마트폰에 애플리케이션을 다운받으면 쉽게 회원가입을 할 수 있다. 다음은 개인 취향 조사다. 먼저 신체 치수부터 꼼꼼히 점검한다. 평소 입는 사이즈에서 팔이 긴지 짧은지, 발볼이 넓은지 좁은지도 체크한다. 헐렁하게 입는지, 아니면 타이트한 핏을 선호하는지도 체크하고 좋아하는 패턴이나 무늬도 고른다. 다음엔 수십 장의 실제 사진을 보여주면서 소비자 취향을 더욱 좁혀 들어간다. 반복 과정을 거치며 해당 소비자에 대한 알고리즘이 완성된다. 실제로 제품을 받은 뒤에도 마음에 들지 않으면 추가 비용 없이 반품할 수 있다. 회사는 해당 소비자가 어떤 옷을 실제로 구매했고 어떤 옷을 반품했는지 개인별 데이터베이스를 축적해 고객 취향에 맞는 제품을 보내준다.

스티치픽스에서 자랑하는 최고의 스타일리스트는 '축적된 데이터'이다. 하버드 대학교에서 경영학 석사MBA를 취득한 카트리나 레

카트리나 레이크는 스탠퍼드 대학교를 졸업한 뒤 컨설팅 회사에 다니다가 '패션에 데이터를 접목하겠다'는 아이디어를 가지고 스티치픽스를 창업해 이커머스 시장에 뛰어들었다. (출처: 마켓 워치)

이크Katrina Lake는 스탠퍼드 대학교를 졸업한 뒤 컨설팅 회사에 다니다가 '패션에 데이터를 접목하겠다'는 아이디어를 가지고 이커머스e-commerce 시장에 뛰어들었다. 이후 2012년 넷플릭스의 데이터 담당 부사장이던 에릭 콜슨을 최고알고리즘책임자CAO로 영입했다. 세계 최대 유통기업인 월마트 온라인사업부 출신인 마이크 스미스가 최고운영책임자COO를 맡고 있다. 패션 전문가가 아니라 고객 데이터 전문가들이 스티치픽스의 핵심 인력인 셈이다.

이처럼 고객에 대한 유의미한 데이터는 O2O 기업의 성장 동력이자 최대 장점이다. 온라인 기업들은 고객에게 필요한 서비스와 혜택을 제공하고 고객 경험에 대한 구체적인 데이터를 얻을 수 있다. 유입 경로, 방문 기록, 머문 시간, 구매 내역을 바탕으로 고객에게 추천할 수 있는 상품을 고객의 눈길이 머무는 곳에 배치할 수도 있다. 그래서 기술 기업 경영자들은 데이터를 '새로운 석유'라고 말한다. 역으로 고객 데이터에 대한 부재는 기존의 오프라인 기업들에게는 최대의 약점이 아닐 수 없다.

오프라인 기업의 데이터는 어디에 있는가?

스티치픽스와 기존의 오프라인 의류매장을 비교해보자. 현재 오프라인 기업이 가진 데이터는 양도 적거니와 공급자 중심이라는 한계를 지니고 있다. 일례로 의류회사의 정보는 '제품' '지역' '매장' '판매시간'으로 구분된다. 어떤 품목이 어느 지역의 어느 매장에서 어느 시간대에 많이 판매되었는지를 보여준다. 고객을 기준으로 한 정보는 없다. 타깃 고객에 대한 의미 있는 정보를 찾기는 어렵다.

이러한 공급자 중심의 데이터 편재는 의류매장만의 문제가 아니다. 일반 마트에서 판매되는 대부분의 상품 제조사들은 고객 정보를 갖고 있지 못하다. 대부분의 마트들은 회원제로 운영하며 고객들의 소비 물품, 소비 패턴, 소비 시간 등 다양한 정보를 수집하지만 이를 제품 납품 업체에 넘겨주는 일은 거의 없다. 제조사들은 엔드유저에 대한 데이터 없이 제품을 만들기만 할 뿐이다.

반면 O2O 플랫폼 서비스의 경우 판매 전반에 대한 데이터는 물론이고 구매 고객 1인에 대한 다양한 데이터도 가지고 있다. 생활양식에서 구입하는 모든 카테고리별 구매 패턴까지 분석할 수 있다. 따라서 육아를 하는 한 고객이 매일 밤 9시 이후에 생활용품을 구입하던 데이터를 바탕으로 밤 9시 즈음에 푸시 알람으로 새로 입고된 세제나 상품평이 좋은 주방용품은 물론이고 아이들이 사용하는 물티슈와 장난감까지 '맞춤 추천'이 가능하다. 이 정도 서비스는 이커머스 시장에서 매우 흔한 것이 되었다.

아마존은 고객 데이터를 바탕으로 서비스의 질을 개선하기 위해 2013년 '예측 배송anticipatory shipping'이라는 특허까지 냈다. 구매 의사를 밝히기도 전에 특정 제품을 배송하기 위해 배송준비를 해두는 시스템이다. 고객의 기존 구매 데이터, 검색 데이터, 구매희망 데이터, 마우스 커서가 오랫동안 머문 상품으로 분석해 미리 고객 집 근처 물류센터로 이동시켜 놓는다.

어떻게 고객만족을 위한 데이터를 얻을 것인가?

카이스트 김영걸 교수는 2011년 출간한 저서 『소크라테스와 CRM』에서 매일유업의 사례를 통해 "대중 가운데 일부 신규고객을 확보하는 CRM"의 효과를 이야기했다. 시스템 투자형 CRM에 대한 대안이었다.

당시 분유 시장에서 점유율 40%의 매일유업은 자사 보유 고객에서 성장의 실마리를 찾아냈다. 우유와 분유와 치즈 등 유제품을 다루는 매일유업은 임산부를 잠재고객으로 설정하고 이들을 찾아 나서는 적극적인 마케팅을 펼쳤다. 예비엄마교실과 임신육아포털에서 고객을 찾고 대상 마케팅 프로그램을 하나로 모아 온오프라인을 통합한 고객 데이터베이스를 만들었다. 그리고 그들을 대상으로 한 차별화된 서비스를 시작했다. 이때부터 매일유업은 기업에 필요한 정확한 고객 데이터를 확보하게 됐다. 이들은 이 데이터를 이용해 적극적인 마케팅을 할 수 있었다. 마일리지 멤버십 프로그램을 운영하고 홈페이지 쇼핑몰에서 자유로이 사용할 수 있도록

아마존의 빅데이터 활용

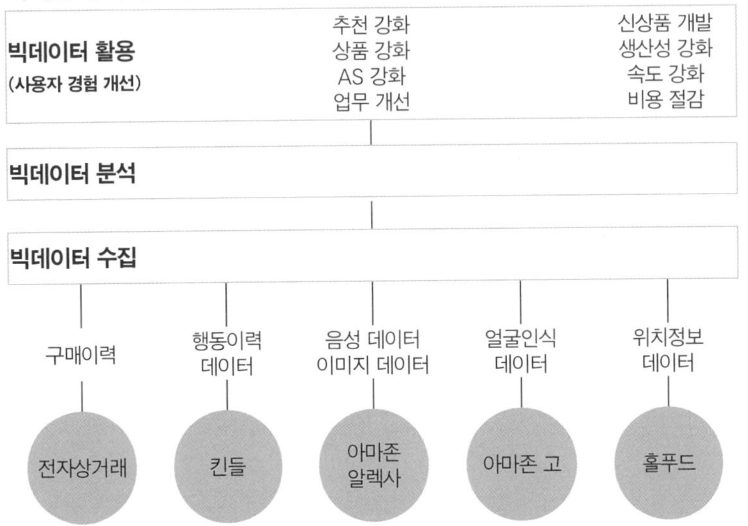

아마존의 전자상거래 사이트, 킨들, 아마존 에코, 아마존 알렉사, 아마존 고, 홀푸드 등은 모두 고객에 대한 빅데이터 수집 장치이다. 아마존은 빅데이터 기업이다. (출처: 다나카 미치아키, 『아마존 미래전략 2022』 중 재편집)

했다. 마케팅에 반응한 고객들은 분유는 물론 요구르트, 우유, 치즈, 음료까지 구매하는 핵심 고객으로 성장했다. 이러한 오프라인 기업의 적극적인 고객 데이터베이스 확보 노력은 여전히 유효하다. 어떤 형태든 오프라인 기업은 고객의 요구와 숨은 욕구까지 확인할 수 있는 데이터를 확보해야 한다.

플랫폼의 최강자로 꼽히는 아마존은 몇 년 전부터 오프라인 매장을 운영해 유통업계에 큰 충격을 안겨주었다. 이미 전자상거래에서 큰 성공을 거둔 아마존이 수익면에서 월등히 떨어지는 오프라인 매장으로 진출하는 데는 몇 가지 이유가 있었는데 '고객 데이터 확보'도 하나의 이유로 꼽혔다.

아마존에서 오프라인으로 진출한 O4O 서비스는 기존 리테일의 개념이 아니다. 오프라인을 위한 온라인 서비스를 적용하면서 '고객과의 접점'을 넓혀 아마존 회원들에게 로열티를 높이기 위한 전략이다. 아마존은 이미 고객 경험 데이터로 성공을 거두었다. 더 많은 고객 데이터를 확보하기 위해 고객과의 접점을 확보한다는 전략이다. 고객에 대한 상세한 데이터가 수집되면 최적화된 마케팅까지 가능해진다. 고객 경험 데이터를 토대로 자체 PB 상품을 내놓을 수도 있다.

당장 오프라인 매장에서 플랫폼 기업들처럼 혹은 아마존처럼 마케팅에 활용할 수 있는 방대한 데이터를 얻기는 힘들 것이다. 그러나 오프라인 매장에서 얻을 수 있는 데이터 역시 무궁무진하다. 유동인구, 고객의 이동 동선, 체류 시간이 긴 매대를 데이터화할 수 있다. 모바일 애플리케이션이 있는 매장이라면 모바일 쇼핑 데이터와 매장 방문 데이터를 연결하는 온오프라인 통합 데이터도 축적할 수 있다.

하지만 상품과 서비스 개발에서 획득해야 할 고객 데이터의 핵심은 1인 고객에 대한 방대한 자료를 축적하는 것이다. 공급자 중심의 정보보다는 사용자 중심이고 고객 중심이어야 한다. 데이터 축적에도 사고의 전환이 필요하다. 기존 오프라인 기업에서 가진 틀을 파괴해야만 고객만족의 성과를 얻을 수 있다.

5
전문가도 신뢰할 수 없기는 마찬가지다

왜 전문가들은 오류를 일으키는가?

고객의 정체를 알 길 없는 오프라인 기업들이 '4차 산업혁명'과 '고객만족'이라는 명제 앞에서 손쉽게 선택하는 것은 '전문가의 이야기에 귀를 기울이는 것'이다. 최소한 전문가들은 프로이다. 특정 분야에서 일을 해온 덕에 풍부한 경험과 지식 그리고 수행능력을 가지고 있다. 그리고 세상을 바라보는 자신만의 프레임을 가지고 있다. 문제를 재빨리 해결하는 비법을 터득하고 있기 때문에 상황 진단과 문제해결도 가능하다. 그러나 '미래 예측'이라는 특수한 카테고리에서 전문가들은 이름값을 하기가 쉽지 않다.

"아무리 훌륭한 전문가라도 변화의 속도가 빠른 세상에서는 과거의 전문성을 갖고 미래를 예측한다는 것이 전혀 의미가 없다. 예측은 틀릴 가능성이 높다." 스탠퍼드 대학교의 파멜라 힌즈Pamela Hinds 교수는 '전문가의 저주'를 언급했다.

2000년대 초반 핸드폰 시장을 주도하던 국내 굴지 대기업의 상승곡선이 추락한 사건은 너무도 유명하다. 세계 최고의 컨설팅 업체인 맥킨지는 당시 연이은 히트 홈런을 날리던 이 기업에게 "스마트폰은 아직 시기상조"라는 조언을 했다. 맥킨지의 조언을 믿고 피처폰 사업에 계속 매진했고 결국 대규모 적자라는 참사를 겪었다. 이로써 '맥킨지 트라우마'는 현실이 됐고 "맥킨지 보고서와 반대로 하면 성공한다"는 말까지 돌았다.

기업들은 왜 전문가들이 오류를 일으키는지 알아야 한다. 아무리 능숙한 전문가라도 사람이기 때문에 자신의 능력에 대해 과신하고 방심하여 명예심에 빠지면 판단력이 흐려질 수 있다. 전문가의 연구결과는 과거의 데이터를 기반으로 하기 때문에 미래를 예측하는 것은 어렵다. 과신은 실망을 낳는다. 전문가적인 특성이라고 할 수 있는 '자신만의 프레임이나 아집'은 전문성에 발목을 잡는다. 전문가라서 오히려 빠지기 쉬운 함정이다. 자신에게 불리한 데이터가 오면 그 데이터를 자기에게 맞게 해석해버릴 수 있다. 실수가 발생했을 때 잘못을 인정하지 않고 상대편의 실수로 돌리거나 권위를 내세우며 상황을 곡해하기도 한다. 철저한 객관성을 유지하는 것이 생명인 전문가에게 주관적 해석은 오류의 핵심 원인이다.

또한 과거보다 일반인의 지식 수준이 크게 올라가 전문가에 대한 평가 기준이 올라간 것도 전문가의 오류를 일으키는 원인으로 꼽힌다. 과거에는 전문가가 일부 잘못하더라도 일반인들이 이를 묵인했지만 갈수록 전문가의 정확성에 대한 요구가 커지고 있다. '블랙

스완 효과'처럼 아주 작은 확률이라도 발생할 가능성이 있다면 전문가는 이를 숙지하고 판단해야 한다. 마지막으로 전문가가 전문성을 높이려고 하는 많은 노력에도 불구하고 환경의 변화 속도는 이미 따라잡기 힘들 정도로 빨라지고 있다. 기술환경, 자연환경, 사회환경, 고객 경험들이 급변하고 있다. 과거에는 영향을 미치지 않았던 것들이 주요 변수로 작용하면서 전문가의 예측력은 점차 떨어질 수밖에 없다.

안타깝게도 현실에서의 예측력은 유명 전문가일수록 더 떨어진다. 유명한 사람일수록 더 많은 일을 처리하게 된다. 충분치 않은 시간에 일을 해치워야 하는 경우도 생긴다. 적은 정보량으로 자신의 직관에 따라 일을 하다 보면 완성도가 떨이진다. 숙련되지 않은 조수들이 전문가의 작업을 보완하면서 틀린 예측이 빈번해진다. 행동과학적 조직이론의 대가 허버트 사이먼Herbert A. Simon 박사는 "전문성이란 경이로울 만큼 폭이 좁다."라고 일갈했다. 전문가는 자신의 정통한 분야에서는 업무수행 능력이 탁월하지만 조금이라도 그 분야를 벗어나면 낭떠러지에서 떨어지듯 일시에 모든 문제해결 능력이 붕괴되기도 한다. '낭떠러지 효과'에서 자유로울 수 있는 전문가는 없다.

과거의 패러다임을 버려라

지금은 '초연결 사회'로 진화했다. 소비자는 제품과 서비스의 품질에 대한 의견을 표현하고 자신의 경험을 평가해 사회 연결망에 올릴 수 있다. 이로써 시장의 힘이 기업에서 소비자에게 넘어갔다.

이제 고객들은 손품 발품을 낭비하지 않고 클릭 몇 번으로 자신이 원하는 상품과 서비스를 구매한다. 그리고 자신의 구매에 대해 공개적인 평가를 내린다. 시장 통제력은 고객에게 넘어갔다.

기업 관점의 고객만족을 외치는 상품과 서비스로는 이전의 성공을 담보할 수 없게 됐다. 완벽하게 자기 잇속만 차리는 회사와 거래를 원하는 고객은 없다.

이전의 기업들은 먼저 제품을 생산한 다음 제품이 고객에게 주는 경험을 설명하며 구매를 유도했다. 하지만 치열한 경쟁의 정점에서 플랫폼 기업들은 실시간 가격비교와 유통 혁명으로 최고의 가성비를 완성했다. 게다가 다양한 경험을 만들어 파괴적인 혁신을 이룩하고 있다. 국내에서 규제의 틈새 시장에서 인기를 끌고 있는 '운송 플랫폼' 서비스는 '기사가 포함된 렌트카'를 표방하며 택시를 이용하던 승차 경험을 변화시켰다. 글로벌 인터넷 엔터테인먼트 플랫폼 기업은 TV나 영화관을 대체할 만한 새로운 서비스를 제공하고 있다. 이들은 새롭고 정교한 고객 경험을 설계하고 실현시켜 시장을 잠식해가고 있다.

이제 고객들은 손품 발품을 낭비하지 않고 클릭 몇 번으로 자신이 원하는 상품과 서비스를 구매한다. 그리고 자신의 구매에 대해 공개적인 평가를 내린다. 시장 통제력은 고객에게 넘어갔다. 플랫폼 기업을 성장시킨 것은 놀라운 기술력과 아이디어가 아니라 그들의 서비스에 열광한 고객이었다. 앞으로도 고객들은 자신들의 시장 주도권을 지지해줄 기업들을 열렬히 지지할 것이다. 이전의 오프라인 기업들은 '열정이 성공의 지름길'이라고 믿었다. 애플의 창업자 스티브 잡스는 특유의 카리스마, 자기 확신, 강한 목표 지향성, 언변으로 주위를 압도하며 사람들을 이끌어냈다. 이를 사람들은 영화 「스타트렉」에 나오는 현실을 다르게 보이도록 하는 정신적인 능력인 '현실 왜곡장reality distortion field'이라 명명했다. 아직도 많은 기업들이 "노력하면 성공할 수 있다"는 현실 왜곡장에 갇혀 있다. 오프라인 기반의 공급자 중심의 시스템에서 벗어나지 못하고 자신들의 현실을 인식하지 못하고 있다.

사회과학 분야에서는 정답이 없다. 수학 계산이 아니고 사람에 대한 연구이다. 하지만 4차 산업혁명이 진행되고 있다는 것은 수학 공식처럼 명확하다. 플랫폼으로 대표되는 혁신 기업들도 실재한다. 오프라인 기업들은 이들과 경쟁하기에 충분한 탄환을 가지고 있지 못하다. 기업과 고객에게도 이전과는 다른 길이 열려 있다. 오프라인 기업은 과거의 패러다임에서 벗어나야 한다. 고객들의 변화된 경험들을 이해하고 고객만족이 만들어지는 접점들을 재확인해야 한다. 고객 데이터를 주 무기로 온라인은 물론 오프라인에서도 고객만족을 이끌어내는 플랫폼 기업과의 경쟁에서 도태되지 않기 위해서 말이다.

2장

O2O 플랫폼 기업은 무엇으로 고객을 사로잡았는가?

1
추천, 공유, 구독, 맞춤은 진화가 아니라 혁명이다

고객이 바라는 건 기술이 아니라 욕구 해결이다

패미컴, 위Wii, 닌텐도DS 등 콘솔 비디오 게임의 전설적인 히트작을 내놓았던 닌텐도에게도 지우고 싶은 흑역사가 있다. 요즘 유행하는 VR 게임의 효시라고 할 수 있는 「버추얼 보이Virtual Boy」이다. 1995년 출시된 이 게임기는 가상현실을 표방했지만 붉은색의 3D를 보여주었고 초점이 잘 맞지 않아 두통과 어지러움을 유발하기도 했다. 게다가 휴대용이라고 하기에는 무리가 있을 정도로 큰 장비여서 사용자들의 피로감은 상당했다. 결국 닌텐도는 출시 1년도 안 돼 생산 중단을 결정하게 됐다. 이처럼 기술의 발달로 탄생한 신제품이 그대로 창고로 직행하는 경우는 종종 있다. 기술에 목을 맨 제품들은 고객의 선택을 받지 못하고 사라졌다.

2000년대 초반 애플의 스티브 잡스와 아마존의 제프 베조스Jeffrey Bezos는 1인용 운송수단인 '세그웨이'에 투자했다. 당시 세그웨

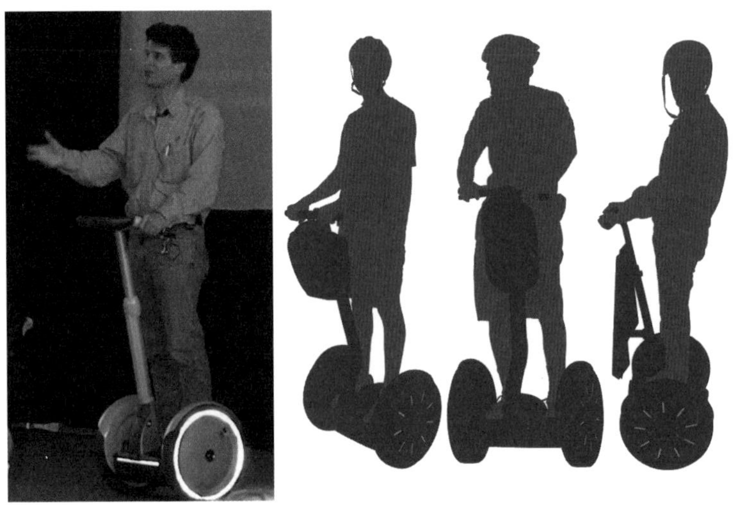

제2의 에디슨이라 불리는 발명가 딘 카멘이 세그웨이를 설명하고 있다. 세그웨이는 기술적으로 매우 뛰어난 제품이었다. 스스로 균형을 잡는 지능적인 메커니즘으로 탑승자가 넘어지지 않도록 했고 몸을 기울이면 자동으로 나아가고 방향 전환이 되고 정지도 가능했다. 그러나 기대에 비해 판매량은 저조했다.

이는 도시의 출퇴근 광경을 바꿀 혁신적인 제품으로 기대를 모았다. 실제 세그웨이는 기술적으로 매우 뛰어난 제품이었다. 스스로 균형을 잡는 지능적인 메커니즘으로 탑승자가 넘어지지 않도록 했고 몸을 기울이면 자동으로 나아가고 방향 전환이 되고 정지도 가능했다. 그러나 기대에 비해 판매량은 저조했다. 18개월 동안 고작 6,000대 정도가 판매됐다. 세그웨이를 사용해본 이들은 인도에서는 빠르고 차도에서는 느린 속도와 정장 차림과 어울리지 않는 디자인 등을 이유로 세그웨이의 사용을 주저했다.

혁신적인 신제품이 대중들에게 널리 수용되는 과정에서 넘어야 할 몇 가지 리스크가 있다. 그중 하나가 캐즘Chasm이다. 1950년대 말부터 1960년대 초 아이오와 주립대학교의 사회심리학자 에

버렛 로저스Everett Rogers가 주축이 된 연구팀은 '기술수용'이라는 이론을 제시했다. 이후 제프리 무어Geoffrey Moore는 캐즘 마케팅Crssing the Chasm 이론을 제시하기도 했다. 혁신자와 조기 수용자로 대변되는 초기시장과 이후의 주류시장 사이에는 아주 깊은 틈chasm이 존재한다. 초기시장의 성공이 항상 주류시장의 성공으로 연결되지는 않는다. 주류시장에 성공적으로 진입하기 위해서는 시장의 불확실성을 해소해야 한다. 이는 고객의 요구를 이해하고 이에 대한 적절한 반응을 하는 것을 말한다.

뛰어난 기술에 압도된 개발자들은 고객보다는 기술의 현란함에 매료된다. 이를 사용하게 될 고객은 고려 대상에서 제외된다. 고객의 요구에 적절한 반응을 하지 못하는 것이다. 아직 4차 산업혁명이라는 단어를 모르는 고객들도 많다. 이들은 다양하고 현란한 기술이 어떤 제품으로 실현될지를 기대하지 않는다. 현실에서 제시되는 제품을 보고 감흥과 감탄이 있으면 구매한다. 고객이 기대하는 것은 뛰어난 기술이 아니라 자신의 요구 혹은 욕구를 해결해줄 제품과 서비스이다. 승승장구하고 있는 많은 플랫폼 기업들의 성공에는 인공지능, 사물인터넷, 빅데이터 같은 기술력이 있다. 하지만 고객에게 기술력을 과시하지 않는다. 이들이 제공하는 것은 제품과 서비스일 뿐이다. 고객이 바라는 것을 직시하는 자세에서 시작된다.

유니콘 기업은 고객이 말하지 않은 욕구까지 해결한다

2019년 5월 이커머스 기업인 위메프가 '유니콘'에 등재됐다는

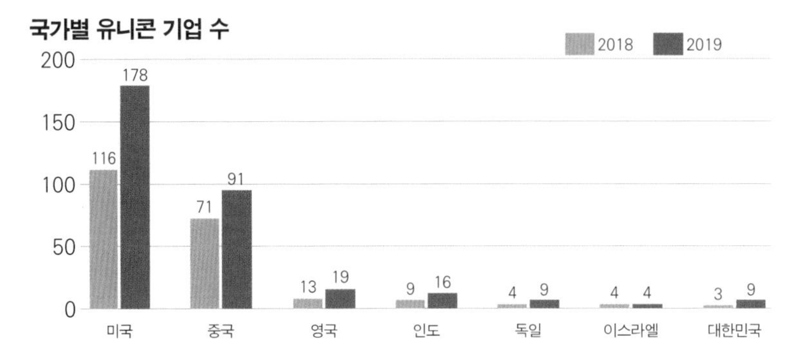

(출처: CB 인사이트–글로벌 유니콘 클럽, 2018. 6)

기사가 실렸다. 이로써 국내 유니콘 기업은 쿠팡, 크래프톤(옛 블루홀), 옐로모바일, 우아한형제들, L&P코스메틱, 비바리퍼블리카, 야놀자, 위메프로 8개가 됐다.

뿔이 하나 달린 전설 속 동물인 유니콘이 경제사에 등장한 것은 2013년이다. 미국 카우보이벤처스의 벤처캐피털리스트인 에일린 리Aileen Lee가 기업가치 10억 달러(한화 약 1조 원)가 넘는 비상장 벤처기업을 '유니콘'으로 명명했다. 현실에서 쉽게 보기 드문 기업이기 때문이다. 전세계적으로 유니콘은 2009년 3월에 세상에 처음 나왔다. 이후 새로운 유니콘의 등장 시기는 점점 빨라지고 있다. 2014년부터는 한 주당 한 개 이상으로 증가했다. 그리고 2018년까지 전세계 326개 유니콘이 출현했다.

벤처기업협회 명예회장 고故 이민화 교수는 "1, 2차 산업혁명이 오프라인 혁명, 3차 산업혁명은 온라인 혁명이었다면 4차 산업혁명은 단순한 기술의 융합이 아니라 오프라인과 온라인 세상의 융합인 O2O 혁명"이라고 정리했다. 그리고 O2O 융합경제는 공유

미국 카우보이벤처스의 벤처캐피털리스트인 에일린 리가 기업가치 10억 달러(한화 약 1조 원)가 넘는 비상장 벤처 기업을 '유니콘'으로 명명했다. 현실에서 쉽게 보기 드문 기업이기 때문이다.

경제라는 이름으로 2030년 세계 경제의 50%를 차지하며 새로운 유니콘 기업이 창출될 것이라고 밝혔다. "전체 경제 규모의 5%에 불과했던 온라인 경제가 2025년이 되면 현실과 가상의 O2O 융합 경제가 되면서 전 세계 경제의 50%를 차지할 것"이라는 예측도 덧붙였다.

실제 구글, 애플, 아마존 등의 글로벌 기업가치 10대 기업의 70%와 330개에 달하는 글로벌 유니콘의 70%가 바로 O2O 융합 영역에서 활동하고 있다. 이들 기업들은 숨겨진 욕망Unmet Needs을 포착해 플랫폼과 지능기술로 구현한다. 실제로 아마존의 최고기술책임자CTO 버너 보겔스Werner Vogels는 아마존의 강점에 대해서 "아마존은 고객의 말에 귀 기울이는 발명 대행업자"라고 말했다. 아마존에는 미래를 읽는 천재는 없다며 단지 고객이 희망하는 욕구를 현실로 만드는 일을 반복하다 보니 지금에 이르게 됐다는 말이다.

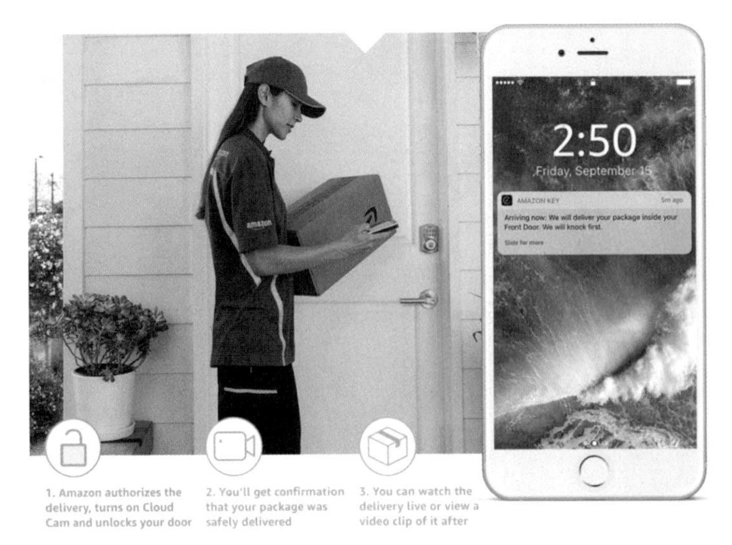

아마존은 2017년부터 고객이 부재중일 때 집안까지 물건을 배달해주는 '아마존키'라는 서비스를 시작했다. 배송 기사가 현관문을 열고 상품을 배달하는 것으로 미국 37개 도시 프라임 회원에 한해 서비스를 제공하고 있다.

"아마존 서비스의 90%가 고객이 희망한 것이다."

이는 아마존뿐만 아니라 모든 O2O 기업의 공통된 이야기이다. 또한 아마존의 인재상을 '빌더Builder'라고 표현할 정도로 최대한 많이 새로운 시도를 하도록 권장한다. 오직 고객의 욕구 해결에 집중하다 보면 실패할 때도 있고 기대 이하의 작품을 내놓을 때도 있지만 결국은 해결책이 나온다고 강조한다.

아마존은 이러한 도전정신의 결과로 지난 2017년부터 고객이 부재중일 때 집안까지 물건을 배달해주는 '아마존키'라는 서비스를 시작했다. 배송 기사가 현관문을 열고 상품을 배달하는 것으로 미국 37개 도시 프라임 회원에 한해 서비스를 제공하고 있다. 전용 키와 카메라를 시스템으로 갖춘 회원들은 아마존에서 원격으로 배송 기사의 활동을 녹화하기 때문에 안심하고 부재중인 집에서도 물건을 받을 수 있다. '부재 시 집 안까지 상품을 배달한다'는 발상을 실현시킨 아마존의 서비스에 회원들의 만족도도 높다.

플랫폼 기업들은 다양한 고객 정보로 예측하고 고객의 욕구에 맞춤한 스마트한 서비스를 제공한다. 생산 역량을 키우는 것이 아니라 소비에 최적화된 생산으로 고객의 만족도를 높인다는 전략을 현실화했다. 이런 전략으로 시장의 주인공 자리를 '기술'이나 '제품'이 아닌 고객에게 내주고 있다.

O2O 플랫폼 기업의 핵심 서비스 추천, 공유, 구독, 맞춤

O2O 서비스는 정보 유통이 쉽고 비용이 저렴한 '온라인'이 실제로 소비가 일어나는 '오프라인'으로 옮겨와 결합한 시장을 말한다. 디지털 경제를 구성하는 핵심 서비스로 실생활에 편의성을 가져다주어 소비자들의 만족도도 높다.

브랜드 가치 평가 전문 업체 브랜드스탁은 해마다 O2O 서비스의 브랜드 가치 평가지수BSTI, BrandStock Top Index를 발표하고 있다. 2018년 연말 발표에 따르면 배달앱에서는 배달의민족, 배달통, 요기요가 1, 2, 3위를 차지하고 숙박앱에서는 여기어때, 야놀자, 데일리호텔이 1, 2, 3위를 차지했다. 부동산앱에서는 다방과 직방이 1, 2위를 차지했고 앱택시 부문에서는 카카오택시와 T맵택시가 1, 2위를 차지했다. 브랜드스탁은 결과 발표에 덧붙여 "오프라인 거래 비용을 줄이고 시간과 공간의 제약을 없앤 O2O 서비스는 지속적으로 시장이 성장할 것으로 예상되면서 부문별 브랜드 경쟁도 치열해질 전망"이라고 밝혔다.

실제 소비자들이 스마트폰앱을 통해 오프라인 서비스를 손쉽게 이용할 수 있게 된 데는 O2O 서비스의 역할이 크다. 소비자들이 일일이 찾기 힘든 정보를 한데 모으고 서비스 제공자에게 일일이 연락을 취하는 번거로움을 해소해주며 플랫폼 내에서 서비스 이용 과정이 해결돼 편리성을 더한다. 또한 O2O 시장은 소비자뿐만 아니라 기업과 판매자에게도 이득이 있는 윈윈 전략을 바탕으로 한다. O2O 시장은 오프라인 판매자와 소비자를 연결하는 양면시장 Two-Sided market의 특성을 지닌다. 둘 이상의 집단이 플랫폼을 매개로 상호작용을 하며 새로운 가치를 창출한다. 소비자는 원하는 것을 앱을 통해 곧바로 해소할 수 있어 소비자 혜택도 크다. 정보의 유통비가 저렴해 서비스 제공자 입장에서도 브랜드 판촉에 시너지 효과를 기대할 수 있다. 오프라인 판매자 입장에서도 이윤 창출의 기회가 생긴다.

서비스 4.0의 핵심 전략

그렇다면 O2O 플랫폼이 제공하는 서비스는 무엇이고 플랫폼을 통한 편리성과 소비자 이익은 어떻게 창출되는가?

첫째는 다양한 제품 중에서 소비자 개인에게 맞는 제품을 추천해주는 서비스이다. 추천 서비스는 여러 정보를 수집하고 선별하여 이에 새로운 가치를 부여해 전파한다. 둘째는 불황의 시대에 합리적인 소비 형태인 공유 서비스이다. 사용하지 않는 시간과 집과 차를 공유할 수 있도록 연결해준다. 셋째로 정기적으로 원하는 상품을 배송받거나 필요한 서비스를 언제든지 이용할 수 있는 구독 서비스이다. 월 구독료를 내고 회원에 가입한 뒤 물건 등을 맞춤 또는 추천해주는 서비스이다. 마지막 넷째는 개인의 니즈에 부합하는 맞춤Concierge 서비스이다. 맞춤 서비스는 호텔의 고급 개인 비서 서비스와 같은 것으로 개인 집사와 같은 역할을 해준다.

이상 추천, 공유, 구독, 맞춤으로 압축되는 O2O 플랫폼의 핵심 서비스는 4차 산업혁명에 부합하는 '서비스 4.0'의 핵심 전략이다. O2O 플랫폼들은 네 가지 서비스 중 한 개 혹은 두 개 이상의 서비스를 융합해 제공한다. 선별된 서비스를 구독 형태로 제공하거나 공유 서비스를 맞춤으로 제공하는 식으로 고객의 숨은 욕구를 해결해준다. 이러한 서비스는 극단적으로 '좀 더 나은 것'이 아니라 '이전에는 없던 것'들이다.

다음으로 O2O 플랫폼 기업들이 제공하는 추천, 공유, 구독, 맞춤 서비스를 살펴보며 이들이 어떻게 '진화'를 넘어선 '혁명'을 일구어냈는지 살펴보자.

2
추천 서비스 : 고르는 수고를 덜어준다

큐레이션 서비스 핀터레스트

큐레이션은 미술관이나 박물관 등에 전시되는 작품을 기획하고 설명해주는 '큐레이터curator'에서 파생한 신조어다. 큐레이션은 큐레이터처럼 인터넷에서 원하는 콘텐츠를 수집해 공유하고 가치를 부여해 다른 사람이 소비할 수 있도록 도와준다. 개방성과 참여성이 높다. 큐레이션 서비스는 콘텐츠 큐레이션 서비스를 넘어 큐레이션 커머스로 진화하고 있다. 3차 산업혁명의 정보화 시대를 넘어 정보가 과잉 생산되고 있어 내가 원하는 나만을 위한 정보는 찾기 힘들다. 큐레이션 서비스는 이 부분을 해소해준다. 이런 이유로 큐레이션은 단순 수집과는 다르다.

'큐레이션'이란 단순히 자동으로 정보를 걸러내는 것이 아니라 수작업으로 가치 있는 콘텐츠를 찾아 분석하고 배포하는 것을 의미한다. 다양한 정보 속에서 "사느냐, 죽느냐?"의 '햄릿증후군'을

수집과 큐레이션의 차이

수집	큐레이션
• 자동화 작업 • 메타 데이터나 키워드 형태의 기준에 따라 콘텐츠 수집 • 수집 기반은 조정 가능하나 그 외에는 불변 • 게시 빈도가 사전에 설정되어 있음 (항상 또는 매주 등)	• 부분적 수작업 • 분석할 소스부터 시작 • 정리된 편집 기준에 따라 콘텐츠를 개별적으로 평가 • 문맥, 최근, 사건, 브랜드, 정서 등을 기초로 콘텐츠의 가중치를 결정 • 일정에 맞추어 승인된 콘텐츠를 게시

(출처: 스티븐 로젠바움, 큐레이션 정보과잉 시대의 돌파구, 2011.9.)

앓고 있는 현대인들에게 큐레이션 서비스는 시간과 에너지를 절약시켜준다.

"제가 요즘 자주 보는 사이트가 있는데 핀터레스트Pinterest라는 곳이에요. 원피스를 사고 싶은데 워낙 다양한 스타일이 있으니까 뭘 사야할지 모를 때 들어가서 '원피스 룩'이라고 검색하면 사진들이 엄청 많이 나와요. 한눈에 여러 스타일을 볼 수 있어서 편하더라고요."

국내 대표 걸그룹인 '여자친구'의 예린이 2019년 5월 패션잡지와의 인터뷰에서 '스타일링할 때 참고하는 사이트'에서 '핀터레스트'를 언급했다. 핀터레스트는 큐레이션을 확산시킨 대표적인 초기 1세대 서비스로 꼽힌다. 벽에 물건을 고정할 때 쓰는 핀Pin과 관심사를 뜻하는 인터레스트Interest의 합성어인 핀터레스트는 온라인에서 자신이 관심 있는 이미지를 핀으로 콕 집어서 포스팅하고 이를 페이스북이나 트위터 등 다른 소셜 네트워크 사이트와 연계하여 지인들과 공유하는 이미지 기반 소셜 네트워크 서비스이다. 간

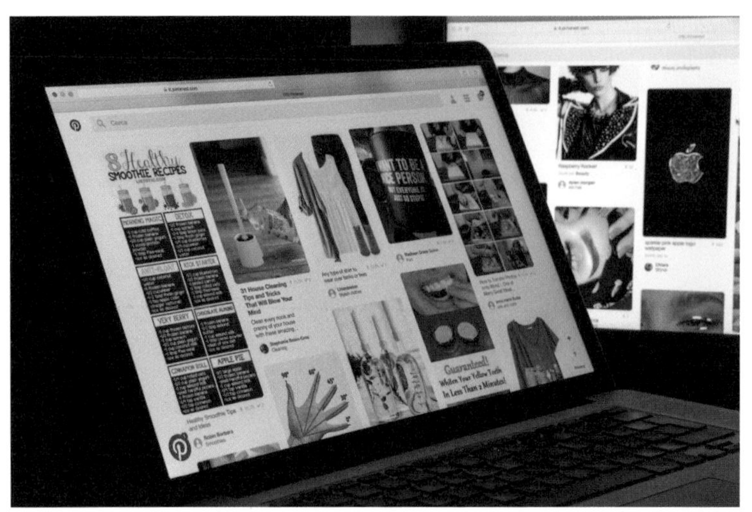

핀터레스트는 지속적인 고객 경험 연구로 큐레이션 서비스를 넘어 사진을 구매할 수 있는 쇼핑과 온라인 광고를 통해 수익을 향상시키고 있다.

단히 말해 이미지 추천 서비스라 할 수 있다. 하지만 이 간단한 서비스가 밀레니얼 세대(1980년 이후 출생)를 사로잡았다.

공동 창립자이자 현 CEO인 벤 실버만Ben Silbermann 등에 의해 2010년 3월 서비스를 시작했고 2년 만인 2012년 3월 기준 미국 방문자 순위에서 페이스북과 트위터에 이어 3위를 기록했다. 2019년 4월 핀터레스트는 상장에 성공했고 월간 활성이용자수도 2억 9,100만 명에 달한다. 핀터레스트의 자산가치는 120억 달러에 달한다. 이는 2013년 25억 달러에 비해 4배 이상 성장한 수치이다. 핀터레스트는 지속적인 고객 경험 연구로 큐레이션 서비스를 넘어 사진을 구매할 수 있는 쇼핑과 온라인 광고를 통해 수익을 향상시키고 있다.

큐레이션 서비스는 개인의 취향을 분석해 적절한 콘텐츠를 추천

큐레이션 서비스의 접근 방식

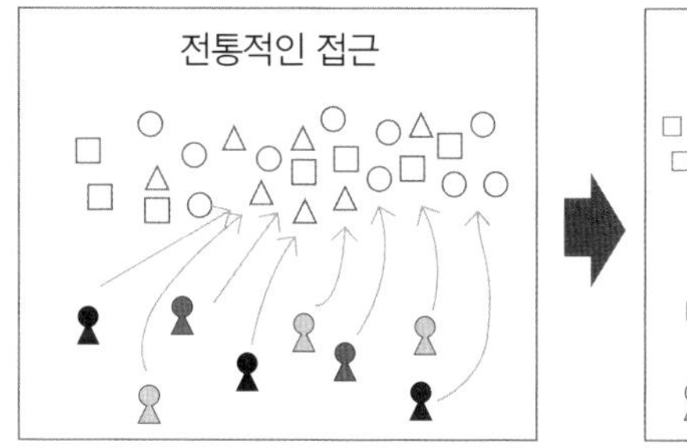

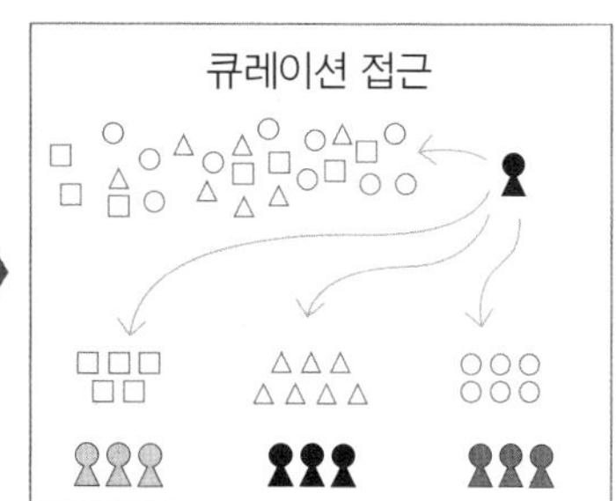

(출처: LG디스플레이 블로그 D군의 This Play)

해주면서 O2O 플랫폼에서뿐만 아니라 오프라인 기업의 마케팅이나 엔터테인먼트 분야에서도 각광받고 있다. 기업들이 선택해야 하는 하나의 전략이 되었다.

4세대 큐레이션 서비스의 등장

기존의 전통적인 시장에서는 다양한 사람들이 여러 가지 제품이나 상품으로 흩어져서 고객이 스스로 선택하도록 되어 있었다. 큐레이션은 다양한 상품이나 서비스를 어떤 한 사람에게 선별하여 추천하며 A 고객에게는 '네모'만, B고객에게는 '세모'만, C 고객에게는 '동그라미'만 모아서 보여준다. 이렇게 선호하는 상품이나 서비스로 제안해 판매한다. 이전의 맞춤 제안하거나 취향에 맞게 제안해주는 서비스에서 한 템포 더 진화해 데이터를 기반으로 더 체계적이고 과학적인 서비스가 가능해졌다.

큐레이션 1세대는 포털이나 플랫폼들을 중심으로 사용자에 따라 단순 정보를 수집하는 것으로 뉴스, 음악, 동영상 등 콘텐츠를

큐레이션 서비스 진화단계

(출처: 큐레이션 서비스 진화단계, 메조미디어트렌드 전략팀, 재편집)

선별해 추천하는 서비스였다. 큐레이션 2세대는 타깃에 중점을 맞춰 상품을 선별 제공해 판매하는 큐레이션 커머스의 형태가 가장 일반적이다. 그리고 3세대로 넘어가면서 큐레이션 서비스는 다양한 영역으로 확장되면서 개인 맞춤 서비스를 가능하게 했다. 큐레이션 서비스는 사용자에게 추천한 서비스에 대한 피드백을 받아서 다음 추천에 적용한다. 이 같은 인공지능 기능이 추가되면서 더욱 정교화된 알고리즘이 구현되었다.

일례로 네이버는 2017년 자사의 인공지능 기반 추천 시스템인 에어스AiRs와 인공신경망 기술을 결합한 콘텐츠 큐레이션 서비스 디스코Disco를 출시했다. 인공지능 기술을 통해 개별 사용자의 취향이나 관심사를 파악하고 맞춤형 콘텐츠를 제공하는 것이 서비스의 핵심이다. 앱을 시작하기 전 사용자는 취미, 여행, 연예, 스포츠 등 본인의 관심 주제를 설정한다. 이후 사용자가 서비스를 이용하면서 누르게 되는 '좋아요'나 '싫어요'와 같은 피드백을 지속적으로 분석해 디스코는 큐레이션 과정에 반영한다. 이러한 과정이 반복됨에 따라 인공지능은 사용자의 특성에 대해 고차원적인 학습을 하게 된다. 그 결과 이전의 큐레이션과는 차원이 다른 정교화된 추천 기술이 적용된 맞춤형 콘텐츠 제공이 가능하다. 사용자는 단순히 큐레이션된 콘텐츠를 사용자가 소비하는 것에 그치지 않고 직접 큐레이션을 할 수도 있다.

『큐레이션』의 저자 마이클 바스카Michael Bhaskar는 "더 많은 선택을 제공하는 전략은 무용지물이 됐다. 앞으로는 더 적지만 더 좋은 선택을 할 수 있도록 전략을 바꿔야 한다."라며 큐레이션이 1970년대 미래학자 앨빈 토플러Alvin Toffler가 언급한 '선택의 과잉'의 문제를 해결할 것이라고 예견했다. 데이터를 기반으로 한 큐레이션 서비스는 더 적은 그러나 더 좋은 선택을 제안한다. 고객 입장에서는 자신에게 가장 적합한 답을 준다고 할 수 있다. 대중이 아니라 개인을 지향하는 접근법으로 가히 혁명적인 서비스라고 할 수 있다.

퍼스널 스타일리스트 스티치픽스

페이스북 CEO 마크 주커버그는 왜 매번 같은 옷을 입느냐는 질문에 "옷 고르는 데 시간을 뺏기기 싫다!"라고 말했다. 우리는 각자가 경험하고 있듯 살아가는 데 필요한 의식주를 선택하는 데 많은 시간과 노력을 들인다.

자기 스타일에 대한 확고한 신념이 없는 사람의 경우 옷을 구매하는 여정을 살펴보면 오프라인 매장에서 옷을 고를 때 항상 결정장애에 빠진다. 이 결정장애를 극복하기 위해 일행이나 점원의 "잘

스티치픽스의 구매 프로세스

(출처: 더퍼스트미디어)

어울려요."라는 한마디가 절실히 필요할 때도 많다.

사실 어떤 이에게 쇼핑은 즐거운 시간이지만 어떤 이에게 쇼핑은 낭비라고 느껴진다. 그들에게 백화점과 아울렛을 대신하는 온라인 쇼핑은 시간을 줄여주는 면도 있다. 하지만 직접 입어볼 수 없고 반품이 번거롭다는 단점이 있다.

미국의 스티치픽스는 옷을 고르는 데 시간을 쓰는 것이 아깝고 직접 입어보고 선택하기를 원하는 소비자를 대상으로 큐레이션 서비스를 제공하는 O2O 기업이다. 스티치픽스를 이용하면 쇼핑 시간을 줄일 수 있고 직접 착용도 가능하며 반품도 쉽다. 고객 입장에서는 이보다 좋을 수 없다! 카트리나 레이크 스티치픽스 창업자 겸 최고경영자CEO는 '내 취향을 잘 아는 누군가 알아서 옷을 골라주고 집까지 배달해주면 어떨까?'라는 생각에 2011년 회사를 설립했다고 한다. 그리고 2017년 11월 기업공개IPO를 하며 시장에

스티치픽스는 2017년 11월 기업공개를 했다.

본격 데뷔한 뒤에도 스티치픽스의 성장세는 계속되고 있다. 『월스트리트저널』은 '스티치픽스, 패션계의 넷플릭스 되나'라는 제목의 기사를 싣기도 했다. 실제 스티치픽스는 2018년 3분기 매출액 3억 1,670만 달러(3,543억 8,730만 원)를 기록했다. 2017년 동기 대비 29% 늘어난 수치이자 당초 시장 전문가들이 예상한 3억 700만 달러를 웃도는 수치였다. 또한 당시 스티치픽스의 고객 수는 270만 명으로 1년 사이 30% 증가했다.

스티치픽스는 기존 의류 판매 온라인몰과는 확연한 차이가 있다. 보통 의류판매 쇼핑몰에는 상품을 잘 표현하는 사진, 영상, 글 콘텐츠 등이 있지만 스티치픽스에는 이런 것이 없다. 스티치픽스의 고객들은 다른 소비자가 착용해본 후기나 체험에 연연하지 않는다. 그런 것이 필요 없기 때문이다.

2011년 하버드 경영대학원MBA을 다니던 카트리나 레이트는 쇼핑에 들여야 하는 시간과 노력을 줄일 방법을 찾다가 소비자 대신 옷을 골라 배달해주는 사업을 떠올렸고 '넷플릭스가 사용자의 시청 기록을 분석해 좋아할 만한 영화와 드라마를 추천하듯' 옷을 추천해주는 스티치픽스를 구상했다. 고객이 스티치픽스에 회원가입을 하고 자신의 정보를 제공하면 인공지능은 입력 정보를 바탕으로 해당 고객이 좋아할 만한 옷을 뽑아낸다. 이후 전문 스타일리스트가 이 중 몇 벌의 옷을 골라 고객에게 배송한다. 여성·남성 의류는 5벌을 보내고 아동 의류는 8~12벌 보내준다. 이때 고객이 옷을 직접 입어보고 마음에 들지 않으면 의류를 반품하는 시스템이다. 추천 의류를 받아보는 데 드는 비용은 20달러고 이 중 하나라도 구매하면 구매 비용에서 20달러를 깎아준다. 대부분의 맞춤 옷 가격은 55달러(약 6만 원)선이다.

스티치픽스의 주요 타깃은 평소 패션에 관심이 많지만 시간이 없거나 귀찮은 소비자들이다. 스티치픽스의 인공지능 알고리즘을 이용하면 고객은 옷을 고르는 시간을 줄일 수 있다. 20달러 이상의 가치가 제공된다. 인공지능을 활용한 스티치픽스는 정교한 스타일링 제안을 하지만 실제 배송하는 옷은 최소한의 선택지 5벌로 제한된다. 고객들에게 너무 많은 선택지가 부담으로 작용할 수 있기 때문에 그야말로 큐레이션의 영역으로 접근한다. 스티치픽스가 이러한 큐레이션 서비스를 제공할 수 있는 데는 인공지능의 공이 크다. 고객들은 회원가입을 할 때 서비스 이용을 위해 자신의 스타일에 관한 다양한 정보를 입력한다. 그리고 배송돼온 옷에 대해서도

스티치픽스 추천 옷

(출처: 스티치픽스)

구입을 할지 말지에 대한 피드백을 제공한다. 인공지능은 이런 고객들이 제공하는 방대한 데이터를 보유하고 있다.

인공지능을 이용하면 고객들의 트렌드 분석도 가능하다. 그리고 인공지능의 선택 다음에는 스타일리스트도 함께한다. 데이터 알고리즘을 수행하는 머신은 앞으로 더 정교화가 되겠지만 소비자들에게 만족할 만한 결과를 주기 위해 스타일리스트가 개입한다. 스티치픽스의 스타일리스트 수는 3,000명에 달한다. 스티치픽스는 고객만족을 위해 우수한 알고리즘과 우수한 인재가 모두 필요하다는 데 공감한다. 이 둘을 적절히 결합해 최고의 결과를 만든다는 전략이다.

처음 스티치픽스가 만들어질 때만 해도 '옷이 없는 쇼핑몰'로 이목을 끌었지만 사실 스티치픽스가 중요하게 생각하는 가치는 '단순히 옷을 파는 곳이 아닌 스타일을 판매하는 곳'이라는 이미지이다. 실제 고객들이 옷이나 액세서리를 구매하는 행위의 목적은 '단순히 옷 하나를 장만하는 것'이 아니라 스타일을 완성하기 위한 것이다. 스티치픽스는 고객들이 스타일을 완성하기 위해 이용한다고 강조한다. 고객들은 스티치픽스를 선택함으로써 개인 스타일리스트나 전문 코디를 고용한 것과 같은 효과를 얻을 수 있다.

앞서 밝혔듯 스티치픽스는 최소한의 선택지인 5벌만 고객에게 제안한다. 스티치픽스의 데이터 알고리즘이 고도화될수록 현재 고객에게 주는 5벌의 선택지를 더 줄일 가능성이 높다고 한다. 현재 제공되는 5벌의 선택지는 만족도를 높이기 위한 수단이지만 선택지가 너무 많은 것은 오히려 선택을 못하게 만들기 때문이다.

또한 스티치픽스는 "우리는 배송이 특별히 빠르지도 않고 다른 데보다 싸게 옷을 제공하지도 않지만 '정확도'만큼은 매우 높다고 자부한다."며 85%에 육박하는 높은 재구매율을 공개했다. 스티치픽스에서 옷을 주문한 고객 10명 중 8명 이상이 다음에도 주문을 한다는 이야기이다. 고객 데이터를 바탕으로 잘 팔릴 만한 제품의 모형을 곧바로 만들 수 있게 되자 자체 알고리즘이 디자인한 자체 브랜드도 출시했다. 한편 스티치픽스는 2017년부터 남성복 시장에도 진출했다. 매출 성장세가 2016년 113%에서 2017년에 30%로 주춤하자 사업 확장에 나섰다. 여성복에서는 20~50달러대 저가 제품군을 강화하는 동시에 100달러 이상 고가 제품군에도 공을 들이고 있다. 명품 브랜드 판매도 시작했다.

결과적으로 스티치픽스는 큐레이션 서비스와 구독을 융합한 이전에 없던 서비스를 만들어냈다. 기존 오프라인 의류 업체였다면 이런 아이디어를 낼 수 있었을까? 혹은 이런 아이디어를 실현시킬 수 있을까? 질문을 해보면 "절대로 불가능하다."는 답을 쉽게 듣는다. 스티치픽스는 O2O 플랫폼 서비스만 할 수 있는 최적화된 큐레이션 서비스로 성공한 것이다.

신선식품의 큐레이션 혁명 마켓컬리

사람들은 월평균 3.9회, 일주일에 1번 정도는 온라인에서 식료품을 구매한다. 오픈마켓과 대형마트 몰 중심으로 온라인 식료품 시장이 성장하면서 나타난 현상이다. 쿠팡, 이마트몰, 홈플러스몰, 위메프, 지마켓이 대표적인 온라인 식료품 몰 톱 5에 진을 치고 있다. 그런데 막강한 경쟁자들 사이에서도 큐레이션 유통으로 떠오르는 샛별이 있다. 이제는 제법 이름을 알린 '마켓컬리'이다.

마켓컬리는 2019년 2월 오픈서베이 「온라인 식료품 구매 트렌드 리포트」에서 "온라인 식료품 했을 때 가장 먼저 떠오르는 쇼핑몰은?"이라는 질문에서 세 번째로 언급됐다. 쿠팡과 이마트몰 다음으로 마켓컬리가 언급됐다. 또한 마켓컬리는 대표적인 온라인 식료품 몰에서도 6위를 차지했다. 마켓컬리의 대표적인 서비스는 밤 11시 전에만 주문하면 새벽에 신선식품을 받을 수 있는 '샛별배송' 서비스이다. 마켓컬리는 사업을 시작한 지 3년 만인 2017년 가입자 수 33만 명에 월 매출액 50억 원을 돌파했다. 2018년 9월에는 세계

마켓컬리 샛별배송 건수

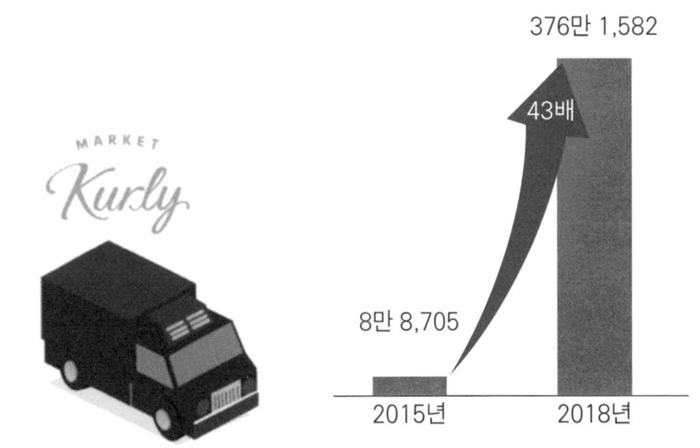

(출처: 마켓컬리)

최대 규모 글로벌 벤처캐피털VC 세콰이어에서 670억 원 규모의 투자를 받았다.

마켓컬리의 시작은 스티치픽스와 비슷한 면이 있다. 기존 오프라인 혹은 온라인 서비스에서 해결되지 않는 '소비자의 욕구'가 서비스를 만드는 계기가 됐다. 창업주인 김슬아 대표는 30대 워킹맘이었다. 퇴근 후 집에 오면 온라인으로 장을 보는데 상품을 고르기가 매우 어려웠다. 그리고 배송한 상품을 받는 것도 문제였다. 먹을거리다 보니 대부분이 신선식품이었다. "여름에 상온에 두어 상하는 것은 아닐까?" 걱정이 될 정도였다. 이러한 불편을 몸소 체험한 김슬아 대표는 상품을 고르기에 수월하고 가장 안전한 시간에 물건을 배송받을 수 있는 샛별배송을 떠올렸다. 그리고 샛별배송을 실현시켜 줄 O2O 식료품 전문점 마켓컬리를 기획하게 됐다.

온라인몰별 가장 자주 구매하는 식료품 톱 6

이마트	1순위	1+2+3순위
생수·음료	16.0	24.0
냉장·냉동식품류	10.7	30.0
과자류	10.7	30.0
유제품	10.7	24.7
라면·면류	8.7	24.0
가공식품류	6.7	16.7

홈플러스	1순위	1+2+3순위
과자류	16.7	32.7
라면·면류	14.0	31.3
생수·음료	13.3	30.0
정육	10.0	17.3
가공식품류	4.7	18.7
냉장·냉동식품류	4.7	22.7

마켓컬리	1순위	1+2+3순위
간편식 요리류	16.7	31.3
베이커리·빵	11.3	17.3
냉장·냉동식품류	10.7	19.3
간편식-국·탕·찌개류	80.	14.7
채소류	7.3	12.7
과일	7.3	15.3

쿠팡	1순위	1+2+3순위
생수·음료	20.0	36.0
커피·차	14.7	25.3
과자류	12.0	27.3
라면·면류	10.7	19.3
냉장·냉동식품류	8.7	16.7
가공식품류	8.7	24.0

위메프	1순위	1+2+3순위
생수·음료	16.0	24.0
과자류	10.7	30.0
냉장·냉동식품류	14.7	24.7
가공식품류	12.0	22.0
커피·차	6.7	16.0
라면·면류	6.7	17.3

11번가	1순위	1+2+3순위
생수·음료	19.3	29.3
커피·차	15.3	24.7
냉장·냉동식품류	12.7	24.0
과자류	10.0	22.7
라면·면류	9.3	20.0
쌀·곡류	9.3	18.0

지마켓	1순위	1+2+3순위
생수·음료	17.3	32.7
쌀·곡류	14.0	23.3
과자류	12.0	23.3
가공식품류	11.3	19.3
커피·차	10.7	20.0
라면·면류	8.7	27.3

[베이스: 최근 3개월 내 각 사이트에서 구매 경험이 있는 사람, 1+2+3 순위형, %]
* 톱 6은 1순위 응답 기준 **주황색 숫자: 전체 평균 대비 + 3%P 이상인 데이터
(출처: 오픈서베이 온라인 식료품 구매 트렌드 리포트 2019, 25p)

창업 이전부터 김슬아 대표는 식품이나 상품에 대해서는 '덕후' 수준이었다. 아는 것이 많았다. 그리고 온라인 쇼핑몰에서 가장 중요한 것이 상품을 기획하는 MD라는 것도 잘 알고 있었다. 김슬아 대표는 확실한 큐레이션을 위해 제품 선정에서부터 결정까지의 프로세스를 정교화하고 단순화했다. 그리고 창업 이후 지금까지 직접 MD팀의 수장을 겸직하며 고객들이 선택을 고민하지 않을 만큼 '좋은 상품'과 '좋은 공급자'를 발굴하는 데 최선을 다했다.

실제 마켓컬리에서 많이 판매되는 품목은 다른 이커머스나 대형마트의 온라인몰과 다르다. 마켓컬리는 다른 유통사에 비해 간편식-요리류, 베이커리·빵, 간편식-국·찌개류, 채소류, 과일류가 월등히 많다. 다른 몰에서는 한꺼번에 사서 오래 보관하며 먹는 품

목들이 주로 판매된다. 이와 달리 마켓컬리는 애초에 신선식품을 큐레이션하는 몰로 승부수를 띄웠다. 엄선된 제품을 고객에게 제안하기 위해 발로 뛰었다.

처음에 마켓컬리에 입점한 곳은 유기농 채소의 상징업체인 '장안농장'이었다. 처음 판매를 시작한 30개의 품목 중 삼겹살과 함께 중점적으로 홍보했던 제품도 장안농장의 쌈채소였다. 그리고 한 달 뒤 미식가의 고기로 유명한 '본앤브레드'가 입점했다. 착한 커피로 유명한 '커피리브레', 줄서서 사는 빵집 '오월의 종'도 들어왔다. 초기 이런 유명 브랜드의 입점으로 마켓컬리의 탁월한 큐레이션 서비스는 주부들 사이에서 입소문이 났고 가입자도 폭발적으로 증가했다.

상징성이 강한 유기농 브랜드 그리고 '고품질' '장인정신' '미식'으로 상징되는 아이템들을 연이어 입점시키면서 마켓컬리의 위상은 높아졌다. 마켓컬리는 이러한 제품의 품격을 유지하기 위해 '상품위원회'까지 운영했다. 상품위원회는 제품을 선정할 때 주요 고객층인 20대 후반에서 40대 중반까지의 주부들이 가장 원하는 것을 발굴하는 것을 목표로 했다. 마켓컬리의 주요 고객은 식문화에 관심이 많고 또한 다양한 식재료를 원하지만 기존 유통 채널에서는 찾을 수가 없어 답답함을 느끼는 층이었다. 마켓컬리는 이들을 위해 해외 직구, 공동 구매, 산지 직송 등 다양한 채널로 제품을 확보해 제안했다.

또한 타깃 고객의 취향에 잘 맞는 큐레이션을 위해 10년 이상의 경력을 가진 식품 전문 MD, 전문 셰프, 주부 출신 푸드스타일리스트들과 협업했다. 이들은 타깃 고객들과 동일한 연령대로 음식을 매우 좋아하고 다양한 식문화를 접할 수 있는 음식 관련 일을 오랫동안 해왔다. 이들은 실제 주부들이 요리하는 환경과 유사한 환경에서 제품을 테스트해본 후 객관적인 리뷰를 제공했다. 마켓컬리의 큐레이션 서비스는 정교하고 합리적이었다.

시식까지 통과한 제품은 내부 위기관리위원회Risk management committee에서 진행하는 제품과 공급자에 대한 실사를 받는다. 마켓컬리는 일반적인 유통 업체들과 달리 공급자의 의지, 제품에 대한 애정, 그리고 제품에 대한 전문성을 중요하게 본다. 가격과 공급 안정성을 위한 공급자의 납품 경력은 주요 참고 항목은 아니다. 생산자를 발굴해서 안정적인 공급처를 확보해주고 가능하다면 브랜딩이나 마케팅도 협업해 지원한다는 정책을 가지고 있다. 안정적인 판로를 확보하고 생산을 제외한 상품화를 위한 모든 활동 특히 브랜딩과 마케팅 같은 활동을 마켓컬리에 일임한 공급자들은 생산에 집중하면 된다.

그간 마켓컬리는 '샛별배송'이라는 유통 혁신으로 많은 관심을 받았다. 김슬아 대표는 주력 제품이 신선식품들이기 때문에 새벽배송을 실현시키기 위해 각고의 노력을 했다. 하지만 한편에서 김슬아 대표는 "마켓컬리의 상징과도 같은 샛별배송을 어떤 이유에서 안 하게 되더라도 비즈니스 모델이 어떻게 바뀌더라도 마지막까지 놓지 말아야 할 것은 바로 좋은 상품과 좋은 생산자에 대한 집착"이라고 강조했다.

마켓컬리의 성공 이후 많은 경쟁업체에서도 샛별배송에 비근한

새벽배송 시장 규모

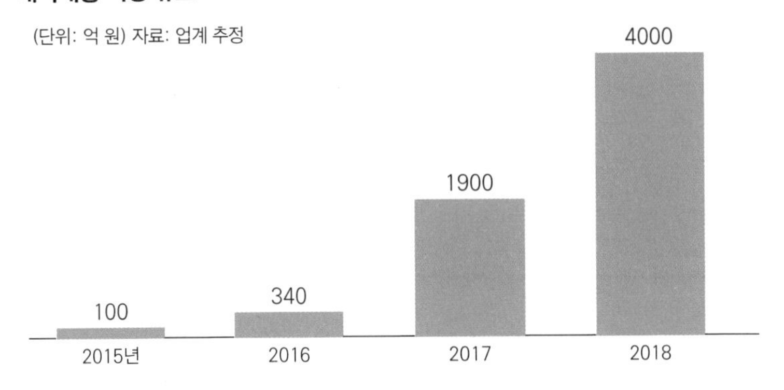

서비스를 내놓기도 했다. 치열한 경쟁 속에 기존 오프라인 유통채널에서도 새벽배송을 시작했다. 새벽배송 치킨게임* 속에서 마켓컬리가 큰 적자 누적에도 공격적인 마케팅을 하는 이유는 기존 기업과 다른 스타트업의 출구전략이 있기 때문이다. 마켓컬리 출구전략에서 핵심은 '새벽배송'이 아니라 '큐레이션' 역량이고 '이용고객 데이터'이다.

마켓컬리의 성공 사례는 4차 산업혁명으로 화려하고 편리한 기술이 개발되어도 기술은 하나의 보조제라는 것을 새삼 느끼게 해준다. 마켓컬리는 고객 관점에서 '직접 고객이 받을 수 있는 새벽시간에 배송되는 것'에 집중했지만 이를 바탕으로 실현하고자 했던 서비스는 신선식품에 대한 의미있는 큐레이션이었다. 고객은 모든 상품이 필요한 것이 아니라 믿음이 가는 좋은 상품을 추천받고 싶어한다. 고객의 욕구를 충족시키기 위해 공급자들과 신뢰를 구축하고 좋은 상품을 발굴해서 샛별배송 서비스로 전달했다. 고

* 한쪽이 양보하지 않으면 양쪽 모두 파국을 맞이하게 된다는 극단적인 기업이론

새벽배송 서비스하는 주요 기업 특징

이마트	식품, 공산품 등 5만여 개 다양한 상품군
롯데슈퍼	유기농 채소, 생선, 즉석식품 등 식품에 특화
GS리테일	서울 전 지역에서 새벽배송 가능
CJ대한통운	신선식품 이외 의류 등 다양한 상품 가능
마켓컬리	깔끔한 포장, 시장 선도 업체의 높은 신뢰성
배민찬	1,000여 개 반찬에 특화된 서비스
헬로네이처	서울 전 지역 새벽배송 가능

(출처: 한국경제신문, 모바일한경, 2018년 5월 14일)

품질의 제품을 안전하게 고객에게 전달함으로써 시장의 호응을 얻어냈다. 유통의 혁신보다 더 중요한 것은 믿을 수 있는 큐레이션 서비스였다.

3
공유 서비스
: 불황의 시대에 합리적 소비의 아이콘

소유를 넘어 공유의 시대로 간다

우리의 삶은 스마트폰으로 '소유보다 공유로' 진화해가고 있다. 정보 수집, 소비, 경험 쌓기 모든 것이 더 편리하고 합리적인 서비스로 재편되고 있다. 더불어 제로 성장으로 대표되는 불황의 시대가 오면서 소비자들은 더 편리하게 합리적인 소비를 지향하게 되었다.

최근 여행의 대세는 단체 패키지나 배낭여행이 아니다. 저렴하지만 진가를 느끼기 위한 여행을 위해 밀레니얼 세대들은 숙박 공유 서비스와 차량 공유 서비스를 이용한다. 2008년 숙박 공유, 차량 공유 서비스로 시작한 '에어비앤비airbnb'와 우버Uber는 사업을 지속적으로 확대하며 '경험 서비스 기업'으로 성장 중에 있다. 이미 2016년에 우버는 260개 이상의 도시에서 '공유차량 서비스'를 운영했다. 이제 전세계 누구라도 우버 앱을 설치하면 해외에서 운영 중인 우버 서비스를 경험해볼 수 있다. 공유경제Sharing economy로

공유경제 · 공유 서비스

공유경제로 표현되기도 하는 공유 서비스는 물품, 생산설비, 서비스 등을 개인이 소유할 필요 없이 필요한 만큼 빌려 쓰는 형태를 지향한다.

표현되기도 하는 공유 서비스는 물품, 생산설비, 서비스 등을 개인이 소유할 필요 없이 필요한 만큼 빌려 쓰는 형태를 지향한다. 또한 필요 없는 제품과 서비스는 다른 사람에게 빌려주는 공유 소비도 포함한다. 누구든지 '공급자'가 될 수 있다는 것이 핵심이다. 여러 사람이 생산된 제품을 공유하는 '협력 소비'의 개념은 1984년 마틴 와이츠먼Martin Weitzman의 저서 『공유경제: 불황을 정복하다』에서 처음 등장했다. 1985년 즈음은 미국에 스태그플레이션 문제가 등장한 시기로 와이츠먼 교수는 『공유경제: 불황을 정복하다』에서 스태그플레이션의 해법을 제시하고자 했다. 그러다 2008년 미국

공유경제 산업 현황

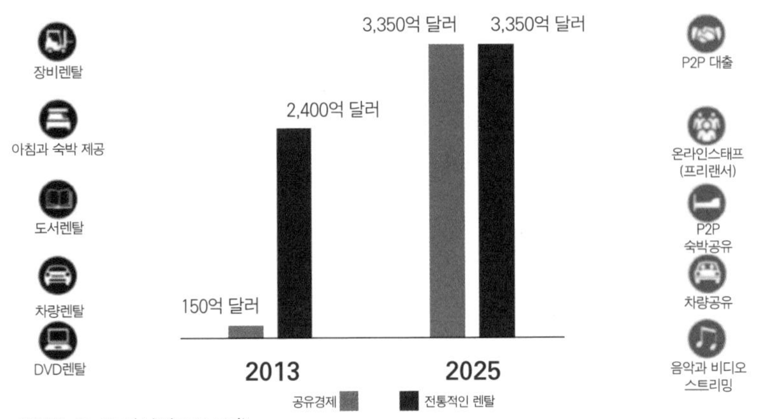

(출처: PwC 리서치 2014년)

전통경제와 공유경제 비교

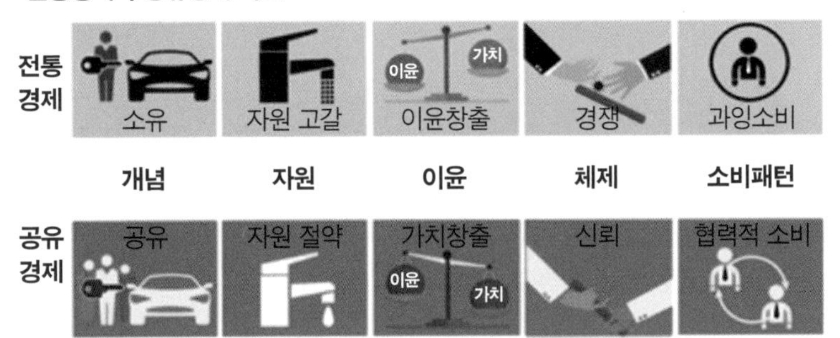

(출처: 부산발전연구원, 언론자료 정리, KB금융지주경영연구소, 2017. 8. 28)

에 금융위기가 닥치자 소비자들이 공유경제에 더 큰 관심을 가지기 시작했다. 공유를 통해 과소비를 절제하고 과잉생산과 과잉소비에서 일어나는 환경 문제도 해결할 수 있다는 기대가 더해지자 공유 서비스들도 급격히 성장세를 탔다. 물건이나 공간이나 서비스를 빌리고 나눠 쓰는 인터넷과 스마트폰을 기반으로 한 사회적 경제의 새로운 비즈니스 모델로 급부상했다.

2014년 다국적 회계 컨설팅 기업인 프라이스워터하우스쿠퍼스PwC는 전세계 공유경제 기업들의 수익이 2013년 150억 달러에서 2025년 3,350억 달러로 증가할 것이고 동기간 전통적인 렌탈 경제 기업들의 수익은 2,400억 달러에서 3,350억 달러로 증가할 것으로 추산했다. 프라이스워터하우스쿠퍼스에서 전망한 공유경제 기업들은 P2P 대출 및 크라우드펀딩, 온라인스태프, P2P 숙박, 차량공유, 음악 및 비디오 스트리밍 서비스를 제공하는 업체들이다. 전통적인 렌탈 경제 기업들은 장비, 책, 차량, DVD 대여 및 호텔 업체들도 포함했다. 향후 공유경제 생태계에서 성장 잠재력이 높은 분야는 의류 및 럭셔리, 스포츠 및 여행장비, 크라우드펀딩, 온라인 상품, 숙박, 자동차, 음악 및 비디오 스트리밍 순으로 꼽았다.

대표적인 숙박공유 플랫폼인 에어비앤비는 2007년 10월 사업을 시작해 2019년 5월 기준 191개 국가의 3만 4,000여 개 도시에서 200만 개가 넘는 숙박시설을 제공하고 있다. 에어비앤비에서는 2초에 한 건씩 예약이 진행된다. 에어비앤비는 세계 숙박공유 시장을 석권하고 있다. 공유 서비스 플랫폼인 우버는 2010년 6월에 에어비앤비와 마찬가지로 샌프란시스코에서 서비스를 시작했다. 마찬가지로 현재 200개 이상의 차량공유 시장에 진출해 전통적인 택시 산업에 도전장을 내밀고 있다. 그리고 2018년 기준 스타트업 중에서는 가장 높은 약 134조 원의 기업가치를 인정받고 있다.

'규제'와 '기존 사업'과의 갈등

국내에서도 공유경제를 활성화하기 위한 정책들이 추진되고 있는 상황이다. 공유 서비스에 동참하고 싶어하는 국내 소비자들의 비중은 49%로 미국(43%)과 유럽(44%) 다음으로 높다. 하지만 국내에서 에어비앤비나 우버와 같은 혁신적인 기업은 탄생하지 못하고 있다. 이는 기존 사업과의 마찰과 갈등 그리고 시장 진입 단계의 규제 때문이다.

특히 국내에는 스타트업들이 시장 진입을 하기 어렵도록 거미줄 같은 규제가 산재해 있다. 실제로 IT 전문 로펌인 테크앤로의 조사에 따르면 100대 스타트업 가운데 13곳은 한국에서 사업을 시작할 수 없고 44곳은 조건부로 가능한 것으로 조사됐다. 글로벌 혁신 모델 사업의 절반 이상인 누적 투자액 기준으로 70%에 이르는 '혁신 사업'이 한국에서는 제대로 꽃 피울 수 없거나 시작조차 할 수 없다는 것이다. 그럼에도 글로벌 시장에서 2025년까지 공유경제가 연평균 36% 성장하면서 3%대인 전통경제 성장률을 압도할 것이란 전망이 우세하다. 특히 차량공유 시장은 2017년 318억 달러에서 2021년 701억 달러로 연평균 21% 이상의 성장세를 기대하고 있다. 글로벌 공유경제 시장은 미국과 중국 기업을 중심으로 시장을 주도해나가고 있다.

미국은 2008년 에어비앤비 등장 이후 교통, 금융, 공간 등 다양한 분야로 확장돼 현재 글로벌 유니콘 톱 100 가운데 46개 기업을 보유하고 있다. 미국의 공유경제 플랫폼 기업들이 글로벌 공유경제 시장에서 주도권을 가지고 있기 때문에 시장 친화적인 정책 노선을 유지하고 있다. 중국은 2015년 이후 정부의 적극적인 지지 발언과 실제로 이어진 규제 완화로 단기간에 폭발적인 성장을

국내 주요 공유경제 기업

차량·운송·주차	숙박·주거 공간
• 쏘카·그린카·피플카·카모니(차량) • 우버·풀러스·러시(이동수단·카풀) • 모두의 주차장·셀팍(주차장)	• 에어비앤비·코자자(숙박) • 쉐어하우스 우주·컴앤스테이 (주거공간) • 스테이즈(외국인 단기 주거공간)
기타 공간	**재능**
• 마이워크스페이스·스페이스 클라우드(사무실) • 프리바아워·인터스타일 다이닝 (파티 공간)	• 숨고·크레벅스·재능넷(각종 레슨) • 에디켓(영문 교정·컨설팅)

(출처: 중앙일보, 중앙선데이, 2018년 3월 31일)

보였다. 중국인터넷협회는 2017년 중국 공유경제 시장 규모가 약 5.7조 위안에서 2018년 7.5조 위안(1,200조 원)으로 증가할 것으로 전망했다

하지만 한국의 공유경제는 아직 초기 단계이다. 특히 카풀 업체는 시장에 진출했다가 택시 업계와 마찰로 사업을 확장시키지 못하고 있다. 아직 이렇다 할 성과를 내지 못하고 있다. 일례로 국내 한 카풀업체는 낮 영업이 출퇴근 시간에 해당하느냐의 문제로 불법 논란이 일면서 수익성 악화로 구조조정을 해야만 했다. 단기 렌터카 개념을 사업에 적용한 쏘카와 그린카가 업계 선두를 유지하고 있다. SK가 투자한 쏘카는 83개 도시에 쏘카존 3,200곳을 두고 차량 8,800대를 운영하고 있다. 2011년 한국에서 자동차 공유 서비스를 처음 시작한 그린카는 2015년 롯데렌털에 인수된 뒤 양적 성장을 했다. 전국 2,700여 개 그린존에서 5,900여 대 차량을 보유하고 있다. 차량공유 업체 중에는 개인이 안 쓰는 차량을 등록해

추가 수익을 올리는 형태도 있다. 하지만 이들 업체들도 언제 기존 운송 업체의 반발에 부딪혀 사업을 접을지는 미지수이다.

한국형 에어비앤비를 꿈꾸는 국내 업체들도 영세한 규모이기는 마찬가지다. '한국인처럼 한국에서 살아보기'를 목표로 하는 '코자자'가 한옥 위주로 등록해 주목받고 있지만 2012년 설립된 이후 아직까지 뚜렷한 매출이 없다. 모텔 정보 제공으로 유명한 숙박 정보 제공업체 야놀자가 해외 한국인 민박 플랫폼인 '민다'와 게스트하우스 정보 제공사 '지냄' 등에 잇따라 전략적 투자를 하고 있지만 아직 이렇다 할 성과는 나오지 않고 있다.

거주지 공유 사업은 사회적 기업의 성격을 띤 업체에서 많이 시도한다. 지방자치단체와 대학의 지원을 받거나 협업하기도 한다. 공간공유 사업 중 독특한 시도도 등장했다. 옥상이나 정원을 파티 공간으로 빌려주는 서비스이다. 웨딩드레스, 자전거, 유아용품과 같은 자주 쓰지 않거나 일정한 시기에만 필요한 물건을 공유하는 사업체도 공유경제 생태계의 또 다른 축을 이루고 있다.

아직 성장이 더딘 우리나라 공유 서비스 시스템의 발목을 잡는 것은 각종 규제만이 아니다. 오프라인에서 익숙한 공급자 중심의 서비스 제공도 공유 서비스의 발전을 막는 주요한 걸림돌이다. 지금까지 공유 서비스는 국가의 허가를 받아야 하거나 기업이 소비자에게 서비스를 제공하는 형태로 제공됐다. 진정한 공유 서비스는 기업과 소비자의 구분 없이 전방위적인 재화의 공유가 이루어져야 하지만 실제는 그러하지 못하다.

이노션 월드와이드의 트렌드 분석 보고서 「마이크로 공유경제

시대의 도래』에서는 우리나라의 공유경제가 기업이 아닌 개인을 주축으로 변화해야 한다고 지적했다. 개인들이 개개인의 시간과 공간을 세분화해 나눠 쓰는 거래를 활발히 실현할 때 공유 서비스의 진화가 실현될 수 있다는 부연설명이다. 이노션은 주요 포털사이트, 블로그·카페, 동호회·커뮤니티에서 생산된 관련 소셜미디어 자료 90만 건을 분석해 이러한 결과를 얻었다.

우버와 에어비앤비처럼 글로벌 공유 서비스는 기업이 소비자에게 공유 서비스를 제공하던 방식B2P에서 개인 간 거래P2P로 바뀌고 있다. 개인 간 공유를 지원하는 플랫폼 설치는 2018년 1월 41만 9,495건을 기록했지만 11월에는 67만 3,773건으로 60%가량 증가했다. 공유되는 품목도 다양화되고 고급화되는 경향도 나타났다. 단순 상품이나 서비스 공유뿐만 아니라 지식, 경험, 취미 등을 공유하며 다양한 가치를 추구하는 것도 뚜렷이 감지되고 있다.

공유경제의 확산을 가로막는 것은 각종 규제와 기존 사업과의 마찰 그리고 공급자 중심 시스템으로 정리할 수 있다. 이러한 상황에서 "한국은 공유경제에서 '갈라파고스'가 될 수도 있다"는 우려도 계속되고 있다. 글로벌 경쟁이 가속화되는 시기인 만큼 소모적 갈등을 해결하는 혁신적 방안이 마련되어야 할 것이다.

공유 서비스의 진화는 계속된다

공유경제는 대량생산과 대량소비 체제의 한계를 공유 서비스라는 플랫폼을 통해 극복할 수 있다는 믿음에서 시작했다. 제러미 리프킨은 저서 『한계비용 제로 사회』에서 플랫폼 경제에서 재화와 서비스를 생산할 때 추가로 들어가는 한계비용을 획기적으로 줄이는 방법을 제안했다. 바로 플랫폼이다. 플랫폼 기업은 고객 수가 늘어나도 비용이 크게 증가하지 않는다. 소비자의 경우에도 한계비용 제로를 경험할 수 있다. 내가 차를 소유하고 관리하면 비용이 들지만 공유 플랫폼에 등록해 타인에게 차를 대여하면 수익을 창출해 비용을 줄이면서 한계비용도 줄일 수 있다. 제러미 리프킨의 주장대로라면 공유 서비스가 활성화될수록 구매나 소유 없이 원하는 재화와 서비스를 이용할 수 있다. 덕분에 공유경제 완성이라는 달콤한 열매를 위해 전세계에서 분주히 움직이고 있다.

일례로 우버가 대중적인 교통 수단으로 성장하면서 기존의 택시 산업이 위협을 받거나 위축되는 것을 '우버화Uberization'로 표현하기도 한다. 우버는 종합운송 플랫폼을 목표로 북미 등 일부 도시에서 기존 택시 산업을 잠식해가고 있다. 승승장구를 하며 사업영역 확장에도 공을 들이고 있다. 차량공유 서비스에서 확보한 수많은 기사를 강점으로 음식배달은 물론 비즈니스 전용 우버도 출시하고 있다. 2017년 4월 호텔, 상점, 차량 서비스 센터 등 고객 응대나 접대가 필요한 기업 고객에게 우버를 보내줄 수 있는 '우버 센트럴Uber Central'을 출시하며 B2B 영역까지 사업을 확대했다. 2018년 3월에는 우버 센트럴과 같은 방식으로 병원에서 환자 탑승을 예약하면 우버가 환자를 병원까지 데려다주는 '우버 헬스Uber Health'도 출시했다.

우버는 개인용 자율주행차뿐 아니라 화물 운송용 자율주행차 개발을 위해 자율주행 트럭 개발업체 오토Otto를 인수했으며 2017년

5월 개발한 전용 앱인 '우버 프라이트'를 통해 제휴 운송업체가 접수한 화물 운송 주문을 처리 중이며 테스트 중이다. 더 나아가 우버는 늘어나는 교통 문제를 해결하고 승객의 이동 속도를 혁신적으로 개선하기 위해 도로를 주행하는 자동차뿐 아니라 하늘을 나는 택시 '우버 에어Uber AIR'를 개발 중이다. 상황이 이러하니 신기술과 서비스로 인해 나타나는 전환기를 '우버 모멘트Uber Moment'라는 신조어로 표현하기도 한다. 어쨌든 우버는 새로운 기술과 기업이 기존 산업 체계를 붕괴시키는 대명사로 인식되고 있고 신기술을 이용한 공유 서비스의 진화도 계속되고 있다.

한편 금융 분야에서 공유경제는 크라우드펀딩 플랫폼으로 실현되고 있다. 기존의 펀딩 방식은 예금자와 은행, 은행과 자금수요자 간의 거래로 분리되어 있었다. 크라우드펀딩은 자금공급자(투자자)와 자금수요자(자금 모집자 및 대출자)가 크라우드펀딩 플랫폼을 통해 직접 거래한다. 이 차이가 상당히 크다. 한국에는 와디즈라는 크라우드펀딩 업체가 있다. 대통령의 맥주 세븐브로이와 인생 애니메이션 「너의 이름은」의 투자에 참여했다. 수제 자동차 모헤닉 게라지스 등이 크라우드펀딩을 통해 론칭하기도 했다. 투자 플랫폼 기업으로 명성을 만들고 있다.

공간 공유는 여유공간 혹은 공간을 사용하지 않는 유휴시간에 대여하는 형태로 실현되고 있다. 미국에는 회의실 및 사무실 등 유휴공간을 중개하는 업체로 '리퀴드스페이스'가 있고 유휴시간대에 공간대여를 중개하는 '피어스페이스'도 있다. 교회, 독서실, 텃밭 등 공간대여를 중개하는 플랫폼으로 처치플러스, 공유독서실, 코코팜스도 있다.

재능공유는 노동이나 지식 혹은 경험 등을 공유하는 것이다. 미국의 태스크래빗은 개인 서비스 공유 중개 플랫폼으로 배달, 이사 도움, 청소 등의 노동을 중개한다. '업워크'는 특정기술을 가진 프리랜서들을 사업체와 연결해준다. 미국의 경우에는 장보기에 특화된 서비스인 인스타카트, 집안일 특화 서비스인 핸디 등 특정 서비스에 집중하는 플랫폼도 등장하고 있다.

앞으로 공유경제는 앞서 살펴본 바대로 숙박, 차량, 금융, 공간, 재능 다섯 가지 분야로 생태계가 나눠지고 있다. 전세계 공유경제가 하나로 연결되는 형태로 계속 진화할 것으로 보인다.

차량공유 플랫폼 쏘카

모빌리티 서비스는 최근에 경험한 공유 서비스 중에서 가장 기술적으로 진화된 서비스라는 평을 듣고 있다. 국내에서는 운송법의 제한으로 아직까지 제대로 된 공유차량 서비스가 등장하지 않고 있지만 법망을 피한 다양한 모빌리티 서비스가 시행 중에 있다. 일종의 틈새시장이라고 할 수 있다. 국내 모빌리티 서비스는 아직 완성된 서비스라 하기는 어렵다. 현재는 공유 플랫폼 서비스로 확장되기 이전 모델이다. 하지만 모빌리티 서비스가 어떻게 운영되는지를 통해 O2O 서비스가 어떻게 고객들의 숨은 욕구를 해결하는지를 이해해볼 수 있다.

국내 모빌리티 서비스는 크게 네 가지로 구분된다. 우선 무인 렌터카 서비스(예 쏘카, 그린카), 기존 택시와 협업해 시스템을 업그레이드하는 서비스(카카오T 서비스), 모범택시보다 한 단계 높은 고품격 택시 서비스, 마지막으로 틈새시장을 공략한 서비스(타다)가 있다. 무인 렌터카 서비스만 '차량공유 서비스'에 속하고 나머지는 기존 업계의 플랫폼 서비스라고 볼 수 있다.

기본적으로 차량공유 서비스는 소유된 차량이 대부분의 시간을 주차장에서 보내는 데 착안해 만들어졌다. 대부분의 가구에서 차를 소유하고 있다. 하지만 대부분의 차량은 주차장에서 시간을 보낸다. 차를 매일 사용하는 사람조차 최소한 '하루 8시간(수면시간)'은 차를 세워두어야 한다. 이 차를 공유하면 수익이 생긴다. 카셰어링은 필요할 때 장소에 구애 받지 않고 차를 사용하고 반납할 수 있다는 장점이 있다. 합리적 소비를 추구하는 젊은 층 사이에서 공유경제가 급속히 퍼지면서 차량공유를 이용하는 숫자도 늘고 있다.

차량공유 서비스의 시조라고 하면 '우버'를 말하지 않을 수 없다. 현대 글로벌 모빌리티 서비스 기업으로 성장했으며 2018년 기업가치 1,200억 달러(약 134조 9,000억 원)를 지닌 것으로 평가받았다. 이는 미국 3대 완성차 회사인 제너럴모터스GM, 포드, 피아트크라이슬러FCA의 시가총액을 합친 것보다 높은 금액으로 최근 산업 변화를 가장 빠르게 반영한 결과이다.

우버 서비스는 2010년 6월 미국 캘리포니아 주 샌프란시스코에서 첫 서비스를 시작했다. 우버의 창업자인 트래비스 캘러닉은 대학을 졸업하고 친구와 함께 몇 차례 창업했지만 실패를 거듭했다. 세 번째로 창업한 회사가 바로 '우버'다. 어느 날 캘러닉은 프랑스의 테크 콘퍼런스에 출석했다가 이동을 위해 택시를 잡으려고 했는데 30분이 넘게 잡히지 않자 짜증이 난 나머지 '조작 단추 하나로 택시를 부를 수는 없을까?'라는 생각을 하게 됐고 그 생각이 우버의 탄생으로 이어졌다.

우버택시는 스마트폰 애플리케이션(앱) 등을 활용해 승객이 원하는 시간과 장소에 차량을 보내 택시처럼 이용하게 하는 서비스다. 글로벌 선진 국가에서는 편리함 때문에 기존 택시보다 비싼 요금에도 인기를 끌고 있다. 고객 관점에서 우버가 기존 택시보다 좋은 점은 합리적인 가격이다. 미터기 중심으로 운영하던 기존 택시는 특정 지역의 경우 미터기를 사용하지 않고 부르는 게 값인 경우도 많았다. 피크타임인 출퇴근 시간과 밤 12시 이후의 경우는 거리당 조금씩 금액이 올라가지만 아예 택시를 잡을 수 없거나 승차거부 당하는 일도 많았다. 다수의 승객들은 택시 잡기와 택시 승차 경험에서 불만족을 경험했다.

우버의 경우 플랫폼이기 때문에 택시를 타는 고객의 서비스 만족도를 확인할 수 있다. 운전자의 경우 시간이 될 때 자기 차를 가지고 부가적인 돈을 벌 수 있어 만족도가 높았다. 또 택시는 결제 과정에서 응대가 길어지는데 우버는 모바일에 등록된 카드로 도착과 동시에 결제가 이루어져 편리하기도 했다. 이 같은 '우버'의 강점을 몇 개의 단어로 정리하면 보편성, 편의성, 투명성이라 할 수 있다. 투명성은 고객의 신뢰를 얻는 데 큰 역할을 한다. 서비스 특징의 무형성 부분을 모바일 앱 시스템을 활용해 극복했다. 덕분에 우버는 글로벌 모빌리티 선도 기업이 되었다. 고객 관점에서 개발된 서비스이기 때문에 고객 중심 서비스가 가능해졌다는 것이 핵심 포인트이다.

우버와 비슷한 서비스로 국내 승객 운송 업계 1, 2위를 차지하는 것은 쏘카와 그린카(롯데렌탈 자회사)이다. '쏘카'는 스마트폰 앱을 이용해 공영주차장 등 해당 지역에 배치된 차량을 예약하고 이용할 수 있는 분 단위의 무인 렌터카 서비스이다. 2012년 서비스를 시작해 최대 차량공유 서비스를 제공하는 종합 모빌리티 플랫폼으로 성장했다. 지난 7년간 1만 1,000대의 차량과 450만 회원을 확보해 대중적 서비스로 성장했다.

쏘카 서비스 중 '부름 서비스'는 앱으로 고객이 원하는 위치를 정하고 차를 배달해주는 서비스이다. 기존의 쏘카 서비스는 쏘카존까지 찾아가야 하는 번거로움이 있어 이용의 불편함이 있었다. 그런데 '부름 서비스'를 통해 고객이 원하는 장소까지 배달해주고 고객이 원하는 장소에 반납할 수 있게 하면서 고객의 이용 만족도를 높였다. 국내 환경 속에서 확보된 데이터를 기반으로 최대한 고객의 희망사항을 서비스로 개발하며 진화하고 있다.

쏘카의 자회사 '타다'는 차별화된 고급 서비스로 많은 호응을 얻고 있다. 타다는 현행 여객자동차 운수사업법 규정을 피해 11인승 승합차를 이용해 영업하고 있다. 서울 시내에서 택시를 잡기 어려운 시간대나 단체가 이용할 때 자주 이용하고 있다. 타다 앱을 설치하고 요청한 위치로 부르면 카니발 11인승 승합차와 유니폼을 입은 친절한 기사님이 승객을 데리러 온다. 일단 도착하면 자동으로 문이 열린다. 실내 분위기는 쾌적하게 하기 위한 표준화된 차량 방향제가 구비되어 있고 클래식 음악채널인 93.1로 세팅되어 있으며 휴대폰 충전 서비스와 기사님의 친절한 서비스로 이용자들 사이에서 빠르게 입소문이 나고 있다.

기존 택시와 비교했을 때 타다는 확실히 고품격 서비스를 제공한다. 이는 기사들이 운행거리나 사납금에 의해서 수익이 결정되는 것이 아니라 최저 시급 이상의 월급제를 통해 수입을 확보하기 때문에 가능한 것으로 보인다. 기존 택시의 경우 카카오T를 부르더라도 목적지에 따라 기사들이 수락하지 않는 경우가 대부분이다. 앱상에서 목적지에 따라 승차거부가 나타난다. 이러한 문제점을 보완하기 위해 타다는 고객호출 시 기사용 화면에는 목적지가 나타나지 않고 무조건 근거리에 있는 차량이 배차되어 승차거부를 할 수 없는 시스템으로 만들었다. 기존 택시보다 요금이 10~20% 높지만 고품격 서비스를 원하는 승객들에 의해 소비자들도 늘어나고 있다.

국내에서 자동차 제조 회사들은 글로벌 경쟁력을 갖춘 대기업들이다. 아직까지는 이들이 생산한 새차를 구입하려는 고객도 많은 편이다. 무엇보다 국내 브랜드에 대한 로열티가 높다. 그러나 앞으로도 이런 호황이 계속될지는 지켜봐야 한다. 글로벌 브랜드의 국내 시장 침투는 매우 활성화되어 있고 공유 서비스 이용률은 점차 높아지고 있다. 선진국에서 불고 있는 무소유의 바람이 언제 불꽃을 피울지 모른다.

20세기 초 포드가 자동차의 대량생산으로 가격을 낮추는 한편 노동자들에게 고임금을 지급하면서 일반 가구들이 차량을 소유하기 시작했다. 이후 100여 년 동안 세계적으로 확산된 '자가용 중심의 교통 시스템'이 정착하게 되었다. 시장에서는 신형 자동차를 기존보다 저렴하고 편리하게 생산하면서 지속적으로 소유 욕구를 올리는 데 집중되어 있었다. 자동차 한 대를 구입하려면 최저 1,000만 원에서 수억 원까지 목돈이 들어간다. 그러나 실제로 그 차량을 소비(탑승)하는 순간은 지극히 짧다. 자동차들은 대부분의 시간을 집이나 회사의 주차장에서 보낸다.

기술 전문 연구기관인 리싱크엑스가 발표한 보고서에 따르면 미국의 자가 소유 차량의 사용률은 4%에 불과하다고 밝혔다. 소유자가 실제로 탑승하는 시간이 하루(24시간) 평균 1시간(4%) 정도라는 것이다. 자동차는 일종의 자산인데 구입 후에는 가격이 가파르게 떨어진다. 또 자가용을 소비하면 주차장, 발렛비, 보험료, 기름값, 수리비 등 근심과 비용이 들어간다. 차를 소유하는 것이 불편함을 가중시키는 상황이다.

또한 리싱크엑스는 「리씽킹 교통 2020~2030」 보고서에서 2030년에는 미국 수송의 95%가 온디맨드 차량 전문 서비스에 의해 이뤄질 것이라고 전망했다. 2030년에는 애플리케이션을 통해 자율주행 전기자동차를 제공하는 '서비스로서의 교통TaaS, Transport as a Service' 비즈니스 모델이 일반화될 것이라는 예측이다. 서비스로서의 교통이란 개인이 차량을 소유하지 않고 '목적지로 이동시켜주는 서비스'를 말한다. 언제 어디서나 스마트폰 등으로 호출하면 즉각 '자율주행 전기차'가 달려와 원하는 장소까지 데려다준다.

'서비스로서의 교통'이 일반화되면 대부분의 사람들은 더 이상 자신의 차를 사지 않게 될 것이다. 고객 관점에서는 차량을 직접 소유(자가용)하는 대신 움직일 때마다 '목적지로 이동시켜주는 서비스(이동 서비스)'를 구입하는 것이 훨씬 효율적이다. 자율주행차와 차량공유 서비스가 보편화되면 이동 비용도 획기적으로 줄어든다. 운전자가 소유 차량으로 1마일(1.61킬로미터)을 이동하는 데 드는 비용은 56센트지만 공유차량을 활용하면 16센트이다. 이쯤 되면 자동차 생산업체는 지금 유지하고 있는 자동차의 설계와 판매 방식을 전면 수정해야 할 것이다.

물론 국내 차량공유 업체들은 아직 순이익 부분에서는 위기의 시기를 보내고 있다. 그럼에도 쏘카는 2019년 1월 실리콘밸리 기반의 벤처캐피탈VC 알토스벤처스를 포함한 4곳으로부터 총 500억 원 규모의 투자를 유치했다. 이번 투자를 통해 인프라 확대와 서비스 품질을 강화하는 한편 연구 및 기술 개발에도 투자해 미래 모빌리티 플랫폼으로 준비한다는 포부를 밝혔다.

국내 차량공유 서비스는 규제와 기존 사업 간의 갈등으로 서비스의 확산이 상대적으로 어려운 실정이다. 하지만 고객 입장에서는 이런 실정이 안타깝다. 고객은 더 좋은 서비스를 선택할 권리가 있다. 그 누구도 이런 권리를 빼앗을 권한은 없다. 이미 시장은 소비자가 선택한 서비스만 살아남게 되어 있다.

공유 오피스 플랫폼 위워크

모든 기업에는 내부직원의 생산성 향상과 복지를 위해서 지원 부서가 있다. 하지만 사무실 관리는 대부분의 기업에서 팀 단위로 할당이 된다. 사소한 부분이지만 층별 팀별 복사기와 전화기가 다 할당되어 있다. 팀의 누군가 또는 부서의 누군가는 개인이 이를 관리해야 하고 고장이 나도 직접 복사기 회사에 전화해서 고쳐달라고 해야 한다. 경쟁이 치열해지면서 대기업의 경우에 지원 부서를 협력업체에 맡기거나 독립회사의 형태로 운영하기도 한다. 하지만 업무에 집중해도 시간이 부족한데 사무실을 관리하는 데 에너지를 쏟아야 하는 비효율은 좀처럼 줄어들지 않는다.

일례로 외부업체와 중요한 회의를 진행하려고 하는데 빔이 고장나 있으면 난감한 일이다. 업무 효율도 떨어진다. 다른 회의실로 옮겨야 하는데 빈 곳이 없으면 그냥 진행할 수밖에 없다. 이곳저곳 알아보다 시간은 흘러가고 회의의 질도 떨어진다. 비용만 줄이면 된다는 식으로 사무실을 관리하면 이런 일들이 종종 벌어진다.

2019년 주 52시간 근무가 정착되고 있다. 직장인의 워라밸Work&Life이 강조되면서 기업은 더 어려운 상황에 처해 있다. 직원 관리와 사무실 유지 관리가 더 어려워졌다. 짧은 시간 집중해서 일하고 성과는 창출해야 하는 것이다. 이런 관점에서 내부직원을 만족시키는 '지원'의 중요성은 더 커졌다.

공유 사무실은 이러한 기업과 직원들의 어려움을 해결해주는 서비스이다. 공유경제를 표방하는 많은 기업들이 공유 사무실 서비스를 시작했다. "우리의 목표는 멤버 사들이 사업을 할 때 사무실 관리나 임대와 같은 부차적 요소에 집중하는 대신 온전히 '워크work'에만 집중할 수 있도록 하는 것입니다." 위워크의 아시아 태평양지역 총괄 매니저의 말이다.

공유 사무실 서비스는 건물 전체 또는 몇 개 층을 빌린 뒤 이를 여러 개로 나누어 소규모 기업이나 1인 창업자에게 재임대하는 서비스이다. 단순히 부동산을 나누는 것으로 보이지만 그것 이상의 서비스가 있다. 공유 사무실 서비스는 업무에 필요한 다양한 편의 시설을 제공한다. 중소기업 입장에서는 대형 빌딩을 소유하는 부담이 없고 개인 창업자는 저렴하게 사무실을 빌릴 수 있는데다 부가적인 서비스도 받을 수 있어 인기가 높다.

공유 사무실 서비스의 대표주자로 손꼽히는 기업은 위워크이다. 내부 직원 만족을 위한 서비스가 핵심 서비스로 제공되고 있다. 처음에는 작은 기업이나 창업자들을 위한 사무실 공간을 재임대하며 가성비 위주로 서비스에 접근했다. 하지만 생각의 전환을 거쳐 새로운 비즈니스 모델인 '오피스 공유 플랫폼'으로 발전했다. 위워크는 공유 사무실 서비스를 시작한 지 7년 만에 200억 달러(약 22조 4,400억 원)의 기업가치를 인정받고 있다.

위워크의 창업주 애덤 노이만과 미구엘 매켈비에게는 재미난 창업 스토리가 있다. 2008년 뉴욕 브루클린에서 '크롤러Krawlers'라는 작은 아기 옷 회사를 운영하던 이스라엘 출신의 젊은 사업가는 비싼 임차료 때문에 골치가 아팠다. 소규모 회사에 적합한 작은 사무실이 없어 필요하지도 않은 넓은 공간을 비싸게 임차할 수밖에 없었다. 그때 노이만과 친분이 있던 건축사 미구엘 매켈비가 난관을 타개할 아이디어를 냈다. 노이만이 입주할 건물 일부가 비어 있으니 이를 통째로 임차해 작게 쪼갠 후 1인 창업자나 영세 사업자에게 싼 가격에 빌려줘 수익을 얻자는 것이었다. 매켈비는 노이만과 같은 건물에서 일하고 있어 건물 상황을 잘 알고 있었다. 의기투합한 둘은 '그린 데스크Green Desk'라는 회사를 설립하고 건물 주인을 찾아갔다. 한 층을 통째로 임차하겠다는 제안에 건물주는 "부동산에 대해 아무것도 모르는군."이라며 코웃음을 쳤다. 이에 두 사람은 "당신 건물이 비어 있는 것을 알고는 있느냐?"고 배짱 좋게 받아쳤다. 건물주는 임대료로 월 5,000달러를 선불로 요구했다. 노이만과 매켈비는 후불로 7,500달러를 제시했다. 그리고 한 층을 15개의 사무실 공간으로 나누어 재임대를 했다. 사무실당 임대료는 월 1,000달러로 절반을 건물주에게 주고 나머지는 자신들이 가졌다.

2008년 가을 금융 위기가 터졌지만 사업은 오히려 번창했다. 불경기로 고용 시장이 얼어붙자 1인 창업이 갑자기 늘어났다. 그린 데스크는 불과 1년여 만에 뉴욕 퀸스와 브루클린에 지점 7개를 오픈했다. 노이만과 매켈비는 이에 만족하지 않았다. 사무실 공유 시장이 엄청나게 확대될 것으로 판단해 그린 데스크의 지분을 브루클린의 건물주에게 팔고 2010년 새로운 회사를 설립했다. 이 회사가 위워크이다. 2019년 한국에만 10개 이상의 지점을 확장할 정도로 빠르게 성장 중에 있다.

"분명히 밝혀둘 것이 있는데 위워크는 부동산 회사가 아니다. 협업 플랫폼 서비스 기업이다. 공간을 임대하는 것도 결국 서비스의 일부다. 위워크가 제공하는 사무실에 입주한 이들에게 필요한 서비스를 해주는 것이 핵심 비즈니스이다. 회의실을 빌려주고 커피와 맥주를 무료로 제공하는 것도 이런 맥락에서다. 공간만 빌려주는 것이 아니라 창업에 필요한 다른 서비스도 같이 제공하기에 입주자들이 위워크를 매력적으로 느끼는 것이다."

많은 인터뷰에서 노이만 최고경영자는 확고한 경영철학을 자랑

위워크 코리아

(출처: 위워크 코리아 페이스북)

했다. 덕분에 전 세계에서 여섯 번째로 큰 유니콘 기업이 됐다. 위워크의 기업가치는 설립 7년 만에 200억 달러(약 22조 4,400억 원)를 넘어섰다. 전 세계 16개국의 50여 도시에 진출해 있다. 공유 사무실 서비스를 제공하는 기업으로는 전 세계에서 가장 큰 규모이다. 구체적인 실적은 공개되지 않고 있지만 연간 10억 달러 안팎의 수익을 내고 있다고 알려져 있다.

위워크 고객들은 공유 사무실의 펍pub에서 커피나 맥주를 마시면서 이야기를 나누는 것뿐만 아니라 온라인 커뮤니티에서도 소통과 협업을 할 수 있다. 커뮤니티를 통해 사업 정보를 얻거나 필요한 인력을 구할 수도 있다. 네트워크 서비스는 공간 임대보다 더 중요한 서비스로 꼽힌다. 위워크는 입주하는 기업의 네트워크 구축 단계부터 고객 요구 사항을 충분히 반영한다. 실제 위워크 앱 검색창에 '브랜드brand'라는 단어를 입력하면 이와 관련된 기업이

위워크 싱가포르

위워크는 부동산 회사가 아니다. 위워크에 입주한 이들에게 필요한 서비스를 제공해주는 것이 핵심 비즈니스이다.

160개나 나온다. 위워크 네트워크 안에서 브랜드 전문가를 찾거나 브랜드 전문 기업과 협업할 수 있는 것이다. 입주자는 작은 사무실을 하나 빌렸을 뿐인데 위워크 네트워크에서 사업에 필요한 다양한 정보를 얻고 사람도 만날 수 있으니 그야말로 꿩 먹고 알도 먹는다. 위워크의 성공은 소비자의 이익을 도모하는 공유 서비스이기 때문에 가능한 일이다.

4
구독 서비스
: 이익뿐만 아니라 재미도 선사한다

소유도 공유도 싫다!

전통적인 상품경제에서 소비자들은 '산 만큼' 기업에 물건값을 냈다. 그런데 공유경제가 뜨면서 이 공식이 흔들리기 시작했다. '쓴 만큼' 주인에게 돈을 내는 것이다. 최근에는 이 공식이 아예 뒤집히고 있다. 산 만큼, 쓴 만큼 내는 것이 아니라 먼저 내놓고 쓰는 구독경제subscription economy가 부상하고 있다. '구독 서비스'란 소비자가 기업에 회원 가입 및 구독을 하면 정기적으로 원하는 상품을 배송받거나 필요한 서비스를 언제든지 이용할 수 있는 신개념 경제 모델이다. 미국의 경제지 『포브스』는 '구독경제는 수백 년 넘은 소유 개념을 해체하며 새로운 경제생활을 만들고 있다. 물건을 소비하는 방식을 소유에서 가입으로 바꾸고 있다'고 진단했다.

굳이 구독 서비스의 효시를 따지자면 신문을 꼽을 수 있다. 하지만 구독경제라는 경제현상이 자리잡게 된 계기는 월정액 내면

전통경제와 구독경제의 비교

	전통경제	공유경제	구독경제
소유 및 이용권	소비자가 재화와 소유권을 가짐	소비자가 일정 기간 재화의 점유권과 이용권을 가짐	소비자가 일정 기간 회원권을 가짐
대금 지불 방식	재화의 구매가격만큼 판매자 또는 생산자에게 한꺼번에 지불	한시적 점유기간 권리에 대해 소유주에게 비용을 지불	이용하는 일정 기간마다 일정 금액을 소유주에게 지불
재화나 서비스의 소비자 선택	한번 구매하면 바꿀 수 있는 선택권이 없음	필요 시 선택권이 있으나, 수시로 원하는 대로 바꾸기 힘듦	회원권 아이템 내에서 자유롭게 수시로 선택하거나 전문가가 골라줌

(출처: KB경영연구소)

무제한 스트리밍 영상을 볼 수 있는 넷플릭스의 성공이다. 구독경제의 대표 모델인 '넷플릭스 모델'은 디지털 콘텐츠를 넘어 전방위로 확대되고 있다. 「크레디트스위스 리포트」에 따르면 글로벌 시장에서의 구독 서비스 시장 규모는 2015년 약 4,200억 달러(469조 원)에서 2020년에는 5,300억 달러(594조 원)로 성장할 것이라고 한다. 미국에서만 구독 서비스 이용 고객의 수는 1,100만 명에 달한다.

앞서 언급했듯 구독 서비스는 오프라인에서 예전부터 있었던 서비스이다. 구세대들은 매달 구독료나 정기 이용료를 내고 신문이나 우유를 매달 받아왔다. 이러한 오프라인에서의 구독 서비스는 '제품 위주'였다. 그런데 요즘은 온라인이나 모바일 시스템에서 콘텐츠를 구독하는 것도 가능하다. 오프라인에서 온라인으로 넘어오면서 구독 서비스는 진화했고 시장도 커졌다. 특히 O2O 기업들이 온라인 비즈니스 모델로 구독 서비스를 채택하면서 성공한 유

구독 서비스 시장 규모

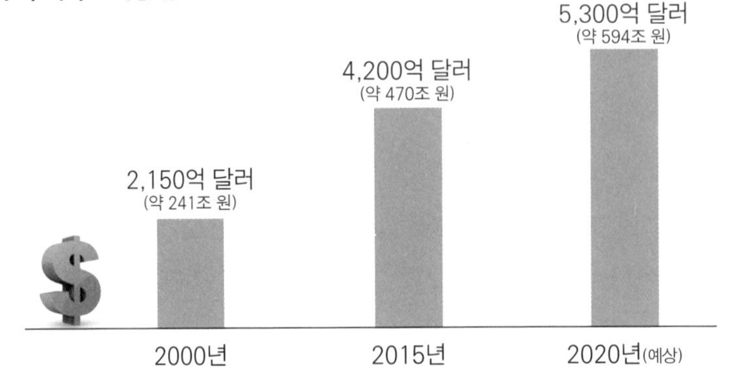

(출처: 2015 크레디트스위스 리포트)

니콘 기업들까지 탄생하고 있다.

구독 서비스의 종류는 크게 넷플릭스 모델, 정기배송 모델, 정수기 모델 이렇게 세 가지로 나눠볼 수 있다. 넷플릭스 모델로는 회비를 내면 무제한으로 서비스를 이용하는 형태다. 미국 스타트업 '무비패스'는 월 9.95달러를 내면 매일 극장에 가서 영화 한 편을 볼 수 있는 서비스를 내놓았다. 영화 한 편 값으로 최대 30편을 보는 셈이다. 회사는 이용자가 어떤 종류의 영화를 얼마나 자주 보는지 데이터를 팔아 돈을 번다. 월 회비 149달러(17만 원) 내면 수시로 가서 검진을 받을 수 있는 병원도 생겼다. 또 매달 9.99달러 회비를 내면 수백 개 맨해튼 술집에서 매일 칵테일 한 잔을 마실 수 있는 미국 스타트업 '후치Hooch'도 활약 중이다. 월가의 비관론자 누리엘 루비니 뉴욕대 교수가 투자해 화제를 모았다. 후치의 2018년 매출은 200만 달러(22억 원)에 달했다. 후치의 서비스는 고객은 물론 술집에게도 윈윈이 되는 서비스로 평가받고 있다. 고객은 매

구독 서비스 유형

	넷플릭스 모델	정기배송 모델	정수기 모델
주요 적용상품	술, 커피, 병원, 헬스클럽, 영화관 관람, 동영상 및 음원 디지털 콘텐츠 등	면도날, 란제리, 생리대, 칫솔, 영양제 등 소모품	자동차, 명품 옷, 가구, 매장 등 고가제품
이용방식	월 구독료 납부한 후 매월 무제한 이용	월 구독료 납부한 후 매달 집으로 수차례 배송	월 구독료만 납부하면 품목 바꿔가며 이용 가능
대표업체	무비패스(월 9.95달러 내면 매일 영화관 관람 가능)	달러쉐이브클럽(월 9달러 내면 매달 면도날 4~6개씩 배송)	캐딜락(월 1,800달러 내면 모든 차종 바꿔가며 이용 가능)

(출처: '소유도 공유도 싫다. 난 구독하며 산다', 머니투데이, 2018. 8. 2)

달 1만 원으로 원없이 술을 마실 수 있어 좋고 무료 홍보를 하는 술집은 추가 주문으로 매출을 올려서 좋다.

정기배송 모델은 일정 비용을 내면 정기적인 제품 배송을 받을 수 있는 서비스이다. 일본 기린맥주는 매달 7,452엔(7만 5,000원)의 회비를 내면 한 달 두 번 양조장에서 갓 만든 생맥주를 정기배송해 주는 서비스를 오픈했다. 특수 페트병과 전용 맥주 서버를 함께 주는데 꼭지만 틀면 집에서도 호프집이 연출된다.

마지막으로 정수기 모델은 렌탈과 비슷하다. 내구성 높은 고가 제품에 대해 렌탈 서비스가 진행된다. 패션 스타트업들은 월정액을 내면 추가비용 없이 디자이너 브랜드의 드레스, 액세서리, 구두 등을 골라 입고 반납하는 서비스를 하고 있다. 벤츠나 BMW 등은 월정액을 내면 마음에 드는 차를 골라 타다 싫증이 나면 수시로 바꿀 수 있는 구독 서비스도 운영하고 있다.

고객은 왜 구독을 하는가?

최근 오프라인 기업의 조직에서는 4차 산업혁명의 대응 전략으로 디지털 트렌스포메이션Digital Transformation을 도입하고 있다. 한번은 디지털 트렌스포메이션 전략으로 추천, 공유, 구독, 맞춤 서비스를 요약해 발표한 적이 있다. 어떤 직원이 "구독 서비스라고 하면 바로 적용이 가능하겠습니다. 미용실에서 100만 원 선결제 후 일정 기간 안에 이용하는 서비스와 같이 레스토랑도 일정금액을 선결제하고 몇 회 이용하는 서비스를 만들면 어떨까요?"라고 물었다. 얼핏 듣기에 구독 서비스 같다. 하지만 이것은 최근 각광받고 있는 구독 서비스라고 할 수 없다. 단순히 회원권 서비스라고 할 수 있다.

미용실이나 레스토랑에 적용하기 위해서는 상품이나 서비스 특성에 맞는 구독 서비스를 잘 선택하는 것이 중요하다. 미용실이나 레스토랑과 같이 정해진 시간에 자리나 테이블 공간을 서비스하는 상품의 경우에는 정수기 모델 구독 서비스가 고객과 기업 모두 적합하다고 하겠다. 상품이 아니라 서비스의 경우 정해진 시간이 지나면 영원히 서비스할 수 없고 사라지기 때문이다. 물론 여기서도 주의해야 할 점이 있다. 미용실이나 레스토랑 서비스에 맞게 구독 서비스를 재구성해야 한다. 기존 오프라인 미용실이나 레스토랑의 마케팅 목적만으로는 그 누구도 구독 서비스를 이용하지 않을 것이다. 고객 관점에서 특별한 가치가 있어야 한다.

기존 정수기 모델은 제품 중심적인 구독 서비스 모델이라서 월정액을 내고 다양한 상품을 골라서 이용하는 장점이 있다. 그렇다면 미용실이나 레스토랑은 고객이 왜 월정액을 지불하고 이용해야 하는지 이유를 만들어줘야 한다. 국내의 한 O2O 플랫폼 구독 서비스는 제휴를 맺은 200여 개의 술집(주로 맥주를 파는 펍과 위스키나 칵테일 등을 파는 바)에서 월 구독료 9,900원만 내면 제휴된 바에서 웰컴 드링크 한 잔 무료의 혜택을 누릴 수 있다. 제휴된 영업점의 경우 매장 홍보가 가능하고 추가 매출을 올릴 수 있으니 윈-윈할 수 있는 구독 모델이라고 하겠다. 다시 한 번 강조하지만 구독 서비스는 '10회 100만 원 회원권 구매하면 1회 무료'와 같은 기존의 오프라인식 영업 비법과는 다른 서비스임을 명심해야 한다.

4차 산업혁명과 함께 진화된 구독 서비스의 핵심은 '고객 욕구를 해결하는 데이터 기반 서비스'이다. 구독을 해야 하는 명확한 이유와 혜택이 제시되어야 한다. 물론 기업 입장에서가 아니라 확실히 고객 입장에서의 이유이다. 글로벌 컨설팅 업체 맥킨지는 고객이 구독 서비스를 이용하는 데는 모델별로 각기 다른 이유가 있다고 설명한다. 첫째는 넷플릭스 모델에서 고객은 시간과 돈을 아낄 수 있다. 합리적인 비용에 욕구를 충족시키는 '보충'을 위한 구독이다. 비타민이나 면도기 등 일상 용품들을 사는 경우와 흡사하다. 둘째는 정기배송 모델은 '큐레이션'을 위한 구독이다. 전문가들이 선정해주는 다양한 아이템들을 경험해보려는 구독이다. 큐레이션을 위한 구독을 선택하는 고객은 회사와 제품 그리고 서비스에 대한 기대가 상당하다. 마지막으로는 정수기 모델과 같이 '다양한 선택, 골라서 이용하는 재미'를 위한 구독이 있다. 고가의 제품이거나 서비스를 구매하지 않고 구독하는 소비자는 멤버십을 획득해 VIP 혜택

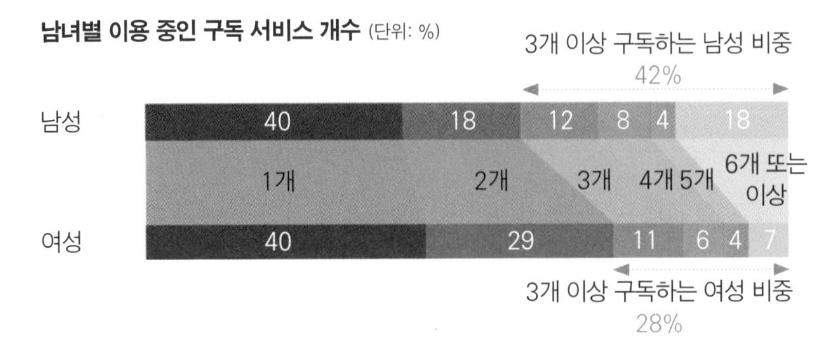

수치 반올림으로 해서 100% 초과할 수 있음
(출처: 맥카지 애널리스트, 인터비즈, 2018. 10. 1)

을 얻고자 한다. 나름의 즐거움을 위한 구독이라 할 수 있다.

구독 서비스의 키워드는 '이익'과 '재미'로 압축된다. 맥킨지가 2018년 '구독경제를 이용하는 이유'에 관해 실시한 설문조사에 따르면 구독경제 이용자의 가장 큰 가입 이유는 '재미와 흥미'였다. '새로운 시도를 해보고 싶어서'(25%), '누군가의 추천을 받아서'(24%)라고 응답한 사람이 가장 많았다. 절반 가까운 사용자가 호기심과 새로운 경험 등을 위해 구독 서비스를 선택했다. '경제적 이익 때문에'(19%)와 '편리해서'(12%)라는 답변은 그 뒤를 이었다.

또한 맥킨지의 조사결과에서는 구독 서비스를 이용하는 고객의 성별에 따라 구독 성향이 두드러지게 나타나는 점도 드러났다. 여성 구독자는 입시Ipsy, 버치박스Birchbox, 세포라 플레이!Sephora Play! 등의 화장품 구독 서비스가 많았고 남성 구독자는 면도용품, 식료품, 애완동물용품, 게임 상품 등 다양한 품목을 구입했다. 여성 소비자들은 새로운 상품을 탐색하는 즐거움을 위해 구독 서비스를 이용하는 반면 남성들은 필요한 생활용품을 계속해서 보충하기

큐레이션형 구독 서비스를 이용하는 이유

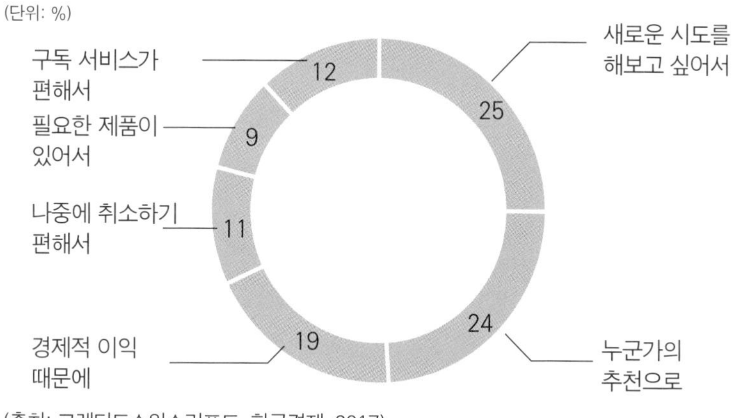

(출처: 크레디트스위스리포트, 한국경제, 2017)

위해 구독 서비스를 이용했다. 생활용품들을 빠르게 보충해 용품을 구매하는 데 들어가는 쇼핑 시간과 번거로움을 줄이기 위해서이다.

현재 구독 서비스를 이용하는 소비자는 대다수 여성들이다. 그러나 남성 이용자는 한 번에 3개 이상의 구독 서비스를 이용하는 확률이 여성보다 높다. 남성은 여성보다 한 번 구독 서비스를 이용하면 다른 구독 서비스를 이용할 가능성이 높다. 전문가들은 무언가를 소유하지 않으려는 것은 전세계적인 현상이라고 한다. 20~30대를 중심으로 젊은 세대들에게 특히 더 두드러지게 나타난다. 블룸버그에서는 청소년 시기에 글로벌 금융위기를 겪은 현 20~34세 연령층을 '경기 침체를 겪은 세대'라는 뜻의 '리세션 제너레이션'이라 부르기도 한다. 금융위기가 보유 자산의 가치를 떨어뜨리는 것을 목격한 이들은 무언가를 지속적으로 소유하는 것을 경계한다. 차기의 기성세대인 밀레니얼 세대의 성장은 구독 서비스의 확산을 가속화시킬 것이 분명하다.

구독 서비스로 소비의 패턴이 바뀌고 있다

구독 서비스는 소비자와 기업 모두에게 혜택이 많은 서비스이다.

소비자 관점에서 구독은 소유하지 않으려는 욕구를 충족시켜 준다. 한때 아무것도 소유하지 않은 채 살아가는 사람들을 히피족이라고 불렀다. 하지만 이제는 수많은 사람들이 소유하지 않고 필요할 때만 사용하는 경우가 많다고 한다. 대학생 전문매체 『대학내일』이 국내 20대의 트렌드를 분석한 보고서에 따르면 현재의 20대는 '렌탈이나 중고를 마다하지 않는 세대'라고 한다. 이들에게는 소유가 중요하지 않고 그때그때 필요한 것을 얼마나 잘 찾아 쓰고 잘 즐기느냐가 더 중요하다.

이들은 극단적으로 에어비앤비처럼 내 것을 나눠 쓰는 것조차 부담스러워한다. 유지 관리 노력이 들어가기 때문이다. 또한 소비자들은 이제 자신의 문제를 즉각적으로 해결할 수 있는 신속한 대안을 찾길 원한다. 과거에는 어떤 물건이 필요하면 구매해서 문제를 해결했지만 이제는 즉각적인 이용이 더 중요하다. 전통적인 상품을 구매하는 행위 대신 회원가입 후 정기배송이나 대여서비스를 이용하겠다는 소비자들이 늘고 있는 이유다.

한편 기업 관점에서 구독 서비스는 큰 이익이 된다. 정확한 수요 예측이 가능하고 고객 이탈도 방지할 수 있다. 수요 예측으로 재고도 최소화할 수 있다. 어떤 품목이 얼마큼 판매될지 알기 때문에 생산 리스크도 줄일 수 있다. 고객 이탈 방지는 록인효과Lock-in가 구독 서비스의 가장 큰 장점이다. 구독 서비스를 잘 활용하면 신규 고객 유치에 집중하면서 기존 고객도 붙잡아둘 수도 있다. 하지만 구독 서비스를 도입한다고 모두 성공하는 것은 아니다. 서비스 품질이 만족스러워야 하고 가성비뿐만 아니라 '가심비'(혜택 대비 가격)까지 높여야 이탈을 방지할 수 있다. 실제 구독 서비스를 이용해본 후 불만의 글을 어렵지 않게 찾아볼 수 있다. '배송 오류' '제품 품질 실망' '원하는 일자 예약하기 힘듦' 등의 불만이 많다. 이런 피드백에 사라지는 구독 서비스도 많다. 대기업이 시도했던 명품 브랜드 구독 서비스는 월 8만 원 구독료를 내고 한 벌씩 4회 대여할 수 있는 서비스였다. 그런데 인기 있는 명품의 경우 대여할 수 없고 고객은 월정액만 지출되는 현상이 생겨 탈퇴하는 사례가 발생했다. 결국 수익성 악화로 서비스를 중단했다.

구독 서비스는 넷플릭스와 같이 복제가 쉬운 콘텐츠들이 성공한 사례가 많듯이 이 구독 서비스가 O2O 플랫폼화되면서 제품의 서비스화가 되었다. 하지만 식품, 의류, 자동차의 경우는 구독자가 증가하면 구독자당 이용량이 많아지면서 서비스 제공의 비용이 함께 늘어나기 때문에 고객은 가성비를 누릴 수 있지만 기업에게는 비용이 추가로 증가하게 되는 것이다. 구독 서비스의 진화에 따라 O2O 플랫폼이 되면서 고객 관점에서의 가치도 중요하고 기업 관점에서의 디테일한 비즈니스 모델 구축도 중요하다 할 것이다.

국내외 스타트업의 새로운 서비스인 구독 서비스는 대기업의 진출도 빠르게 전파되고 있다. 현대자동차그룹이 진출한 현대셀렉션은 월정액 72만 원을 내면 쏘나타, 투싼, 벨로스터 중 월 최대 3회 차종 교체가 가능한 서비스이다. 기존 렌탈과 리스와는 달리 수수료 없이 언제든지 자유롭게 서비스를 해지할 수 있다. 또한 모바일 애플리케이션을 통해 간편하게 차량 예약도 가능하다고 한다. 도입 초기 회원 50명 모집으로 홍보했는데 많은 인원이 몰려 100명가량 고객이 대기하고 있는 상태라고 한다. 아모레퍼시픽도 '스테디'라는 마스크팩 정기배송 구독 서비스를 시작했고 애경산업은 '플로우'라는 기초화장품과 목욕제품을 정기배송해 주는 서비스를 시작했다.

피앤지의 CMO 마크 프리차드는 『비즈니스인사이더』와의 인터뷰에서 "스타트업들이 새로운 플랫폼에서 우리와 다른 문법으로 전방위로 압박하고 있다. 이것이 소비자들에게 인정받고 있다. 소비자들은 이제 과거와 다른 방식으로 물건을 사고 광고를 보고 브랜드를 인식한다. 그래서 우리는 181년 노하우의 스타트업처럼 굴기로 했다."라고 말했다.

구독 서비스 스타트업은 제조만 하거나 판매만 하지 않는다. 기존의 생활용품 제조사 피앤지는 제품을 개발해 유통업체에 넘겨 판매하고 판매를 촉진하기 위해 TV나 라디오 등에 광고를 했다. 그러나 스타트업은 제품을 개발해 판매, 광고, 홍보까지 한 번에 한다. 지속 가능한 가치 있는 제품을 개발하기 위해 제품개발 시 외부 창업가들에게 아이디어를 얻는다. 유통채널에 판매를 맡기지 않고 직접 팔고 광고도 밀레니얼 세대가 보는 콘텐츠로 만든다.

이렇듯 구독 서비스로 소비의 패턴이 바뀐 환경에서 글로벌 기

일상생활 속 다양한 구독 서비스

구분	업체명	내용
자동차	현대자동차	'제네시스 스펙트럼'은 월 149만 원에 G70, G80, G80 스포츠 중 월 최대 2회 차종 교체 가능, '현대셀렉션'은 월 72만 원에 쏘나타, 투싼, 벨로스터 중 월 최대 3회 차종 교체 가능
자동차	롯데렌터카(오토체인지)	국산 준중형(월 49만 원), 국산 중형(월 59만 원), 국산 대형(월 79만 원), 수입차(월 149만 원) 중 선택해 3개월간 3회 차종 교체 가능
차량 공유	쏘카(쏘카패스)	월 9,900원에 쏘카 전 차량을 횟수 제한 없이 50% 할인된 가격에 이용
침구 세트	클린베딩	호텔 침구류 전문 세탁업체가 천연 항균 세탁한 침구를 4주 단위로 교체, 퀸 사이즈 침구 2개 세트(13만 원)를 구매하면 월정액 1만 9,900원
수건	노블메이드	월(4주) 7만 9,000원에 호텔식 세면타월 10장을 매주 새벽 배송
패션 양말	미하이삭스	월 9,900원에 매달 3켤레 패션양말 배송(여성 양말 기준)
커피	프릳츠	커피원두, 콜드브루, 커피티백, 커피드립백 등 정기배송(원두 200그램에 5만 2,000원)
면도날	와이즐리	월 8,900원에 독일산 리필 면도날 4개 정기배송
수제 맥주	벨루가	월 5만 5,000원에 간단한 안주용 스낵과 함께 '이달의 수제 맥주' 2종을 두 병씩 2주 간격으로 배송(월 총 8병)
전통주	술담화	월 3만 9,000원에 '이달의 전통주' 2병을 배송
와인	퍼플독	월 3만 9,000원부터 100만 원까지 와인 등급 및 병 수를 선택해 정기배송
과일·채소	만나박스	주 1만 8,900원에 제철 과일 5~6가지를 정기배송
마스크팩	아모레퍼시픽(스테디)	피부 타입에 맞는 마스크팩 종류, 수량, 횟수를 자유롭게 선택해 정기배송
화장품	애경산업(플로우)	피부 상태에 맞는 기초화장품을 골라 원하는 날짜에 정기배송
꽃	꾸까	'한송이 꽃 구독'(4,900원), '연인을 위한 꽃 구독'(2만 3,900원) 등 다양한 상품 선택해 2주 혹은 4주 단위로 정기배송
그림	오픈갤러리	그림 크기에 따라 월정액(3만 9,000원부터 시작)을 내고 3개월마다 그림 교체

일상생활 속 다양한 구독 서비스

구분	업체명	내용
그림	핀즐	월 3만 3,000원에 매달 1회 일러스트 포스터 배송
펍	데일리 샷	월 9,900원에 200여 가맹 펍에서 하루 1잔의 무료 웰컴 드링크 제공(안주나 술 추가 주문 시)
미용실	월간 헤어	월 18만 원에 파마, 커트, 염색, 두피 관리 등을 1회씩 자유롭게 이용(단, 기존 예약 완료 후 이튿날 신규 예약 가능)

(출처: '구독경제', 일상 깊숙이 침투하다. 주간동아, 2019. 5. 24)

업조차 스타트업처럼 혁신하고 있다. 기업은 빠르게 스타트업 플랫폼에 탑승하든가, 스타트업처럼 혁신하든가 선택의 기로에 서 있다.

구독 서비스의 효시가 된 정기배송 플랫폼

'버치박스Birchbox'는 2010년 하버드 MBA 출신 케이샤 보샴과 헤일리 바나가 만든 화장품 샘플 정기배송 서비스이다. 두 창업자는 소비자들이 여러 화장품을 시제품으로 사용해본 뒤 마음에 드는 제품만 정품으로 사고 싶어하는 여성들의 욕구를 간파했다. 그리고 이들을 대상으로 매달 10달러씩을 받고 대여섯 가지 종류의 화장품 샘플을 박스에 담아 배달했다. 사용자는 6년 만에 200명에서 100만 명으로 늘었다. 버치박스는 2018년 말까지 투자금 8,000만 달러를 유치했다. 미국 IT 전문 매체 「패스트컴퍼니」는 '미국에서만 1,100만 명 이상이 각종 정기배송 서비스를 사용한다'며 이를 '버치박스 효과'라고 명명했다.

핫한 화장품 브랜드 구독 서비스로는 글로시에Glossier가 있다. 화

버치박스는 여러 화장품을 시제품으로 사용해본 뒤 마음에 드는 제품만 정품으로 사고 싶어하는 여성들의 욕구를 만족시켰다.

글로시에는 온라인 커뮤니티와 소셜 미디어를 통해 드러난 밀레니얼 세대의 욕구를 만족시켰다.

장품에 대해 의견 교환하는 커뮤니티를 만든 에밀리 와이스는 패션 잡지 『보그』 직원이었다. 온라인 커뮤니티와 소셜 미디어를 통해 밀레니얼 세대를 위한 화장품 브랜드 글로시에를 설립했다. 와이스는 2010년부터 유명인과 모델 등이 실제 사용하는 화장품을 소개하는 웹사이트를 취미로 운영했다. 웹사이트가 20~30대 여성 사이에서 인기를 끌면서 화장품에 대한 의견을 교환하는 커뮤니티

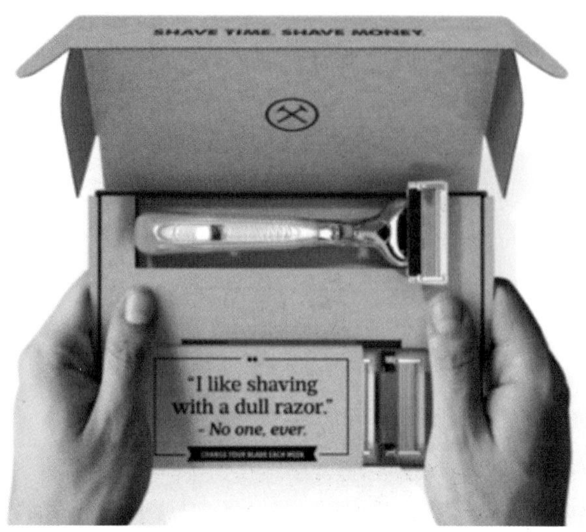

달러쉐이브클럽의 면도기·면도날 배송 박스

로 부상했다. 그는 매일 댓글을 읽으면서 20~30대 여성들이 짙은 화장보다 자연스러운 화장을 선호한다는 사실을 발견하고 피부와 혈색을 자연스럽게 드러내주는 화장품을 만들어 출시했다. 특정 소비자층의 구체적인 요구를 반영한 덕분에 제품이 출시될 때마다 소문을 타고 완판됐다. 매출이 3배 뛰었고 창업 3년 만에 3,500만 달러의 투자금을 유치할 수 있었다.

2011년 설립된 미국의 스타트업 달러쉐이브클럽Dollar Shave Club은 구독 서비스를 면도날 사업에 접목했다. 남성들의 '번거로움'을 해결해주는 구독 서비스를 만든 것이다. 소비자가 달러쉐이브클럽 구독을 신청하면 첫 달에는 면도기, 면도날, 면도 크림이 들어 있는 제모용품 세트를 5달러(약 5,400원)에 받게 된다. 두 번째 달부터는 6달러(4중날 4개), 9달러(6중날 4개) 옵션 중 선택할 수 있다.

달러쉐이브클럽의 등장 당시만 해도 면도날 시장은 대형 글로벌 브랜드가 차지하고 있었다. 이들은 면도기는 싸게 팔고 교체 면도날은 비싸게 파는 이른바 '면도날 마케팅'으로 큰 수익을 얻었다. 그러나 편리함과 저렴함을 내세운 달러쉐이브클럽이 나타나면서 지각변동이 일어났다. 달러쉐이브클럽은 창업 4년 만에 미국 면도기 시장의 10%를 차지하더니 온라인 판매에서 글로벌 면도기 브랜드를 앞서기 시작했다. 2016년에는 320만 명의 클럽회원을 확보해 연 매출 2억 4,000만 달러(약 2,584억 원)를 달성했다. 글로벌 생활용품 업체 유니레버는 2016년 달러쉐이브클럽을 10억 달러(약 1조 762억 원)에 인수했다.

모건스탠리 출신의 인터넷의 여왕으로 불리우는 매리 미커Mary Meeker는 해마다 「인터넷 트렌드 보고서」를 발표한다. 2019년 이 보고서에서 가장 핫한 콘텐츠는 바로 구독 서비스였다. 지난 5년간 구독 서비스 시장은 매년 100%씩 성장했기 때문이다. 음악, 책 같은 콘텐츠에서 진화하여 제품과 서비스 영역까지 확대되고 있다. 다양한 구독 서비스 중 성공 사례를 살펴보면 설립한 지 얼마 되지 않았지만 크게 성장한 요인을 명확하게 파악할 수 있다. 무엇보다도 아이디어의 시작이 고객의 욕구 발견에서 시작했다는 것이다. 버치 박스와 글로시에 모두 여성들이 화장품을 이용할 때 필요했던 서비스를 구독 서비스 중 정기배송 서비스와 연결해 성공한 사례이다. 달러쉐이브클럽은 남성들의 일상 속에서 번거롭고 귀찮았던 습관을 구독 서비스로 승화시킨 것이다. 물론 이 3개 기업 성공사례의 공통점은 제품 품질이 충족되고 가성비가 있었기 때문에 가능했을 것이다. 최근 구독 서비스에서 고객을 확보하는 방법으로는 '무료체험, 지인 추천'이 중요한 요인이 되고 있으며 서비스 방법에서는 '개인 맞춤형 온디맨드'형 구독 서비스로 진화하고 있다고 한다. 스타트업과 오프라인 기존 기업이 구독 서비스를 도입하려고 할 때 고려해야 할 점이다.

5
맞춤 서비스 : 시간의 가치를 높여준다

호텔 밖으로 나온 컨시어지 서비스

컨시어지 서비스Concierge Service는 원래 호텔에서 호텔 안내는 물론이고 여행과 쇼핑까지 투숙객의 다양한 요구를 해결해주던 서비스를 일컬었다. 컨시어지에는 관리인이나 안내인의 뜻이 담겨 있다. 최근 플랫폼 기업에서 제공하는 컨시어지 서비스는 '고객의 요구에 맞추어 모든 것을 일괄적으로 처리해주는 가이드'라는 의미를 담고 있다. 개인 맞춤 서비스로 고객의 요구에 맞게 응대하며 흔히 집사와 같은 역할을 해준다.

호텔 밖으로 나온 컨시어지 서비스의 1.0 버전은 VIP를 위한 집사 서비스를 하는 기업들에 의해 실현됐다. 그러다 4차 산업혁명이 찾아오면서 대중들도 쉽게 이용할 수 있는 컨시어지 서비스가 만들어졌다. 현재까지 출시된 컨시어지 서비스는 고객욕구 중 의식주에 소요되는 시간을 아껴주는 맞춤 서비스라고 할 수 있다. 인

인터파크 완구전문 아이토이즈의 집사 서비스

간의 라이프스타일을 관찰해보면 이전에는 당연하다고 생각했던 그러나 엄청난 시간을 소비해야만 했던 활동들이 많이 있다. 이와 같은 요소를 찾아 해결하는 서비스들이 컨시어지 서비스로 성공하고 있다.

컨시어지 서비스는 추천, 공유, 구독, 맞춤 중 가장 고도화될 가능성이 높은 서비스로 인공지능, 빅데이터, 로봇 등 4차 산업혁명의 핵심 분야를 연구한 인재들이 대거 필요하다. 일례로 온라인 서점 인터파크는 책 전문 컨설턴트 '알프레드'를 통해 1대 1 대화로 독자에게 책을 추천해주는 인공지능 서비스를 제공하고 있다.

알프레드는 고객의 관심사와 과거 도서구매 이력을 분석해 책을 추천한다. 서비스 내용은 상품추천, 가격할인, 고객문의 이렇게 세 가지가 있다. 상품추천에는 독자 취향에 따라 선택 가능한 다양한 테마가 내재돼 있다. 가령 '#영화를 책으로 읽다'를 선택하면 최근 1년 동안 구매한 상품을 제외한 추천 목록을 보여준다. 해당 상품에 대해 채팅창 하단에 있는 '깎아줘요' 버튼을 누르면 할인 쿠폰도 알아서 발급해준다. 또 배송, 반품, 취소, 교환 등 고객이 원하는 기능에 대한 상세한 정보도 신속하게 상담 가능하다. 인터파크 도서 앱을 다운받은 후 인터파크 아이디로 로그인하면 누구나 쉽게 이용할 수 있다.

인터파크는 앞으로 서점업계에도 방대한 데이터를 빨리 분석해 독자에게 적절한 정보를 선별해주는 큐레이션 서비스가 빛을 발할 것이라 예견하고 북 컨시어지 서비스를 선보이겠다고 밝히기도 했다. 도서뿐 아니라 쇼핑, 투어, 공연 등의 구매 이력을 분석해 독자에게 알맞은 책을 큐레이션해주는 알고리즘도 개발 중이다. 이로써 컨시어지 서비스도 더욱 고도화할 계획이다.

O2O 집사 서비스로 진화를 거듭하고 있다. 변호사, 투자자문, 수의사 상담 분야로 전문적인 서비스로 확장되고 있다. 그리고 O2O 서비스는 스타트업이 하는 서비스라는 고정관념에서 벗어나 기존 공룡 플랫폼도 생활밀착형 O2O 집사 서비스에 뛰어들고 있다. 카카오스탁 맵MAP은 고액 자산가만 이용하던 투자자문 서비스를 일반인도 편하게 이용할 수 있는 플랫폼으로 인기를 끌고 있다. 기존에는 수억 원을 투자해야만 투자자문 상담을 받았지만 카카오

O2O 집사 서비스

구분	업종	소개
프리덴탈	치과	치과 상담 애플리케이션. 통증 부위를 촬영해 증상 설명과 함께 올리면 전국 또는 특정 지역의 치과 병(의)원 앱으로 상담 요청이 전송. 빠른 상담이 가능
인앤아웃	회계	모바일 회계 애플리케이션. 사업자가 스스로 작성한 장부, 결산서, 신고서 등에 대한 검토나 상담을 받을 수 있음
오피스텔	부동산	부동산 컨설팅 전문기업 리앤정파트너스와 O2O 플랫폼 퍼블리싱 기업 오즈원과 협업해 출시. 부동산 전문가 서비스 준비 중
직방	부동산	2012년 1월 론칭한 부동산 정보 플랫폼. 안심중개사, 헛걸음보상제 등의 정책 운영 중
다방	부동산	2013년 7월 론칭. 국내 최초의 월세 카드 자동결제 시스템 다방 페이를 2016년 11월 출시
펫닥	수의사	실시간 수의사 무료상담 앱. 반려동물 증상을 글과 사진으로 올리면 수의사가 직접 1:1로 답변
프로스	심리상담	심리상담·스트레스·인재개발·법률지원 등 6개 분야의 전문가와 1:1 상담 서비스 제공
굿닥	헬스케어	병원·약국 검색 O2O 서비스
로톡	법률	2014년 2월 서비스 론칭. 단일 플랫폼으로 가장 많은 변호사를 보유한 서비스
헬프미	법률	2015년 7월 론칭한 법률 서비스. 변호사 상담 서비스 외에 지급명령·법인등기·상속 관련 서비스도 제공
변호인	법률	지난 2월 서비스 시작. 모바일 1:1 화상 법률 서비스 제공
C-L-C	법률	지난 5월 서비스 론칭. 실시간 채팅 상담과 전화·이메일 상담을 제공
마이카스토리 2.0	차량	2016년 12월 론칭. 고객이 긴급한 상황에 처했을 때 전문가 화상 상담 서비스 이용 가능
카운스링	심리상담	2014년 4월 서비스 출시. 심리상담 전문가와 1:1 영상 통화 기능 제공

(출처: 진화하는 O2O 서비스, 내 손안의 '집사' 법률·회계·의료·투자 상담까지 '척척', 중앙일보, 2017. 6. 10)

아마존은 2014년에 자체 개발한 인공지능 음성비서인 '알렉사'를 탑재한 음성인식 인공지능 스피커인 '아마존 에코'를 출시했다.

스탁맵에서는 최소 500만 원(ETF는 50만 원) 이상이면 투자상담을 받을 수 있다. 이 밖에도 다양한 전문적인 집사 서비스를 받을 수 있다.

모바일에서는 '비서 서비스' 경쟁이 뜨겁다. 아이폰의 시리Siri, 삼성 갤럭시 빅스비, 국내 통신사가 출시한 홈 IoT 서비스 SK텔레콤 누구, KT 지니 등 인공지능 기반의 IoT 서비스가 각광을 받고 있다. 2017년 네이버도 인공지능 기반의 비서 서비스인 '클로바'를 야심차게 내놓았다. 국내 검색의 경우 아이폰보다 더 많은 정보를 제공한다는 평가도 있다. 하지만 아직까지 네이버에서 연결 가능한 정보들만 받을 수 있기 때문에 만족도는 낮다.

한편 컨시어지 서비스를 발전 단계로 나누면 '도우미 서비스'와 '비서 업무 수행 서비스'로 구분할 수 있다. 컨시어지 서비스 1.0으로 소비자가 시간을 가치 있게 사용하도록 도와주는 도우미 서비스가 성행 중이다. 모바일로 간편하게 가입하고 결제하면 도우미 서비스를 받을 수 있다.

고도화된 컨시어지 서비스 2.0으로는 '인공지능 커머스 플랫폼'인 비서 스피커이다. 아마존의 '에코'는 미국 스피커 컨시어지 시장에서 점유율 70%를 보여주고 있다.

99%를 위한 가사도우미 플랫폼

미소miso는 집안일을 줄일 수 있는 컨시어지 서비스로 등장했다. 상위 1%만 누릴 수 있었던 가사도우미 서비스를 99%가 손쉽게 이용할 수 있도록 하겠다며 편리성을 강조했다. O2O 플랫폼 미소는 가사로 인한 스트레스가 상당한 육아 맘이나 직장인에게 도움을 주고 있다. 2017년 6월 누적 거래액 100억 원을 달성했다. 서비스 오픈 이래 22개월 만이다. 이후로도 가파른 성장세를 보이고 있다. 누적 거래액 200억 원 돌파에 5개월밖에 걸리지 않았다. 2019년에는 누적 거래액 1,000억 돌파를 목표로 투자 유치에도 힘을 쏟고 있다.

공동창업자 빅터 칭은 미국 하와이에서 태어나고 자랐다. 일리노이 대학교 공과대학에 입학했다가 전공을 비즈니스로 바꿨다. 이런 백그라운드 덕에 서비스 기획에서부터 개발과 운영까지 담당할 수 있게 되었다. 빅터 칭이 사업을 위해 한국에 정착했을 때 가장 어려웠던 것이 '청소'였다. 칭은 서울에 거주하는 1인 가구의 일상을 경험했다. 그런데 같은 건물에 사는 젊은 청년은 어머니가 1주일에 두 번씩 와서 청소며 빨래와 같은 집안일을 해주었다. 이

가사도우미 플랫폼 미소

거실 청소　주방 청소　화장실 청소

침구류 청소　베란다 청소　세탁

걸 보고 가사도우미 서비스를 사용하게 되었다. 그런데 직접 가사도우미 서비스를 애용하게 되면서 서비스 시장은 가능성이 크지만 풀어야 할 과제가 많다는 것도 알게 되었다.

한국의 가사도우미 서비스는 품질이 높고 가격이 저렴했다. 하지만 가사도우미 서비스를 사용하기 위해서는 포털 사이트를 이용해 검색하거나 지인을 통해 소개받는 게 전부였다. 인터넷으로 검색하면 최신 게시물이 거의 없어 거주 지역과 청소 타입에 맞는 가사도우미를 구하는 게 어렵다. 빅터 칭은 오프라인의 가사도우미를 온라인 사용자와 연결해 주는 서비스를 떠올렸다. 2014년에 공동창업자와 함께 하루 만에 가사도우미 O2O 서비스인 '미소'의 웹 사이트를 만들었다. 2015년 8월 정식 출시했다. 출시한 지 5개월이 되던 2016년 2월 거래액이 1억 원을 돌파하는 동시에 사용자 수 3,000명에 가사도우미 인력 풀이 1,000명을 넘어섰다. 2019년 기

가사도우미 서비스 업체 청소연구소

청소연구소는 2019년 6월에 알토스벤처스로부터 투자를 유치했다.

준 서울, 인천, 경기도 전 지역에서 서비스를 운영하고 있다.

가사도우미 서비스에서는 후발주자로 시작한 '청소연구소'는 2017년 카카오 출신의 젊은 여성 사업가가 시작했다. 집 평형마다 가격 책정이 달리되고 앱에는 가장 꼼꼼히 해야 할 부분과 조심해야 할 사항을 미리 적도록 했다. 세탁을 할지 말지도 클릭만 해놓으면 된다. 이처럼 사용자와 청소도우미 입장에서 디테일한 서비스의 차별화를 강조했다. 덕분에 80%의 재등록률을 자랑하고 있다. 신용카드 번호를 입력해둘 수 있어 결제도 간편하다. 1년 만에 누적 가입자 5만 명에 도우미 1,300명이 될 정도로 폭발적 성장세를 보이고 있다. 모바일상에서도 체계적으로 이용할 수 있다.

O2O 가사도우미 서비스는 가사도우미 입장에서도 플러스 요소가 많다. 기존의 인력소개소에서 도우미를 요청하면 가사도우미

들을 무시하거나 불합리한 대우를 받아도 알아서 처리해야 했다. O2O 서비스를 이용하면 가사도우미 서비스의 전문성을 인정받을 수 있다. 가사도우미 스스로 자부심을 가지고 일할 수 있다. 차별화된 서비스로 바쁜 현대인에게 여유를 주면서 일하는 사람들에게도 도움이 되는 서비스로 자리매김하고 있다.

음성 비서 플랫폼

아마존과 구글은 인공지능 시장을 넘어 커머스 시장에서도 치열한 경쟁을 벌이는 형국이다. 2014년 유통 공룡 아마존이 세계 최초로 내놓은 인공지능 스피커 '에코'가 미국 스마트 스피커 시장을 압도하고 있다. 세계 최대 전자상거래 업체답게 일찌감치 음성으로 물건을 주문할 수 있는 기능을 탑재했다. 클라우드 소프트웨어 플랫폼 전문 업체인 라이브 퍼슨이 조사한 결과 에코 이용자의 절반가량이 알렉사를 통해 음성 쇼핑을 이용하고 있는 것으로 나타났다. 아마존도 처음 에코 스피커를 개발할 때는 단순 아마존 뮤직을 들을 수 있게 연결해주는 제품이었다. 그런데 예상 외로 고객의 반응이 좋아 업그레이드 버전이 개발되면서 오늘날의 에코가 탄생하게 되었다.

아마존 에코를 사용하는 주부는 냉장고에서 우유가 없는 것을 확인하면 알렉사를 이용해 바로 음성으로 "우유를 주문해."라고 할 수 있다. 알렉사는 기존에 등록된 고객의 아마존 계정을 이용해 주문을 완료한다. 아마존은 에코 스피커를 통해 더 많은 회원이 각종 콘텐츠를 무료로 구독하게 되는 '아마존 프라임' 유료 회원 서비스

아마존 에코

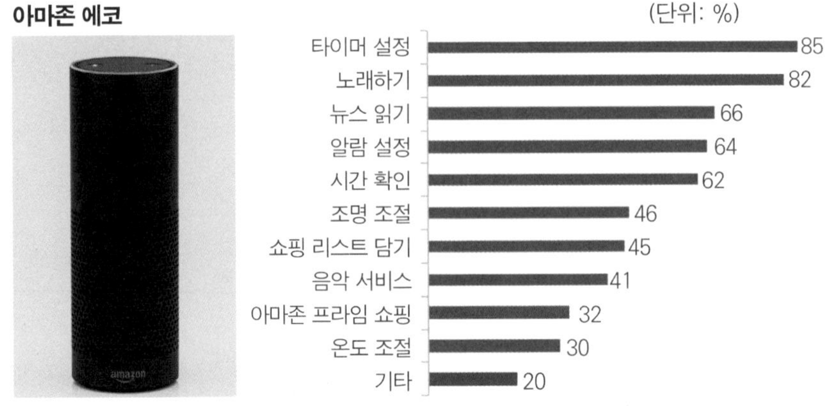

아마존 에코를 소유한 고객이 주로 사용한 기술이다. (출처: 알렉사 컨시어지)

를 신청하도록 유도한다. 유료 회원이 되면 에코를 통해 들을 수 있는 아마존 뮤직과 오디오북 등의 콘텐츠를 무제한으로 들을 수 있다. 구글 앱스토어와 같은 아마존 스킬스Amazon Skills 스토어에서 앱을 다운받아 연결할 수도 있다.

한편 구글은 자사 커머스 플랫폼 '구글 익스프레스'를 인공지능 스피커에 접목했다. 인공지능 플랫폼 '구글 어시스턴트'를 활용해 음성으로 물건을 살 수 있다. 구글은 선두 업체인 아마존을 따라잡기 위해 다양한 유통업체와 잇따라 파트너십을 체결했다. 2017년 초 오프라인 유통시장 강자인 월마트와 제휴한 것이 대표적이다. 또한 2017년 12월부터는 이커머스 시장에서 아마존과 양대 산맥을 이루고 있는 이베이와 협력을 맺었다. 구글 어시스턴트를 이용하면 이베이 상품을 검색할 수 있다. 최근 은퇴를 선언한 에릭 슈미트 알파벳(구글 지주회사) 회장은 2014년 10월 "구글의 최대 경쟁자는 빙Bing이나 야후Yahoo 같은 검색 서비스가 아니라 아마존"이라

사물인터넷으로 스마트홈을 점령한 인공지능 스피커가 집중적으로 공략할 곳은 바로 쇼핑이다.

고 언급했다. 구글은 쇼핑 기능을 지속적으로 강화해 아마존으로부터 쇼핑 검색 주도권을 빼앗으려고 노력하고 있다. 그 결과 구글의 상품검색 점유율은 36%로 올라섰다. 동 기간 아마존의 상품검색 점유율은 55%에서 49%로 줄었다.

국내 인공지능 스피커 시장은 미국과 비교하면 초기 단계다. 아직까지 음성 인식을 통한 정보 제공과 음악 재생 등 기본적 기능에 집중하고 있다. 인공지능 스피커 보급이 확산됨에 따라 생활과 밀접한 기능을 얼마나 다양하게 제공하는지가 승패를 가를 전망이다. 국내 인공지능 커머스 플랫폼도 아직은 미약하다. SK텔레콤과 KT 등은 인공지능 스피커에서 활용할 수 있는 쇼핑 서비스를 확장하고 있다. SK텔레콤은 2017년 3월부터 인공지능 음성비서 '누구'를 온라인 쇼핑몰 11번가와 연계해 음성 명령만으로 상품을 주문

국내 인공지능 스피커

할 수 있는 서비스를 도입했다. KT는 2017년 하반기 G마켓, 옥션, 롯데닷컴 등 온라인 몰과 업무협약을 맺었고 음성 쇼핑을 지원할 예정이다.

네이버와 카카오도 최근 커머스 플랫폼 강화에 박차를 가하고 있다. 자체 커머스 플랫폼을 통해 인공지능 기술 고도화에 필요한 학습 데이터를 축적한다는 전략이다. 네이버는 다양한 인공지능 기술을 활용해 쇼핑 서비스를 고도화하는 데 집중하고 있다. 2017년 10월 배달의민족을 운영하는 우아한형제들에 350억 원 규모의 전략적 투자를 단행했다. 이후 네이버의 인공지능 스피커 '프렌즈'를 통해 음성으로 배달음식을 주문할 수 있는 서비스를 도입했다. 카카오도 최근 카카오톡에서 커머스 플랫폼을 전면에 배치하는 대규모 업데이트를 했다. 카카오톡에서 '더보기' 탭을 누르면 최상단에 '소문내면 할인' '톡 스토어' '선물하기' 등 쇼

네이버 프렌즈와 카카오 미니

핑 서비스를 확인할 수 있다. 상품을 보고 주문과 결제까지 빠르게 진행할 수 있다.

아직까지 국내 컨시어지 서비스는 대부분 재미로 '한 번쯤 사용해볼까?'의 수준에 머물러 있다. 아마존과 구글이 한국 시장을 공략한다면 경쟁력 있게 대응할 주자가 없다. 컨시어지 서비스의 빈틈을 공략할 신흥 강자를 기다리고 있다.

6
CS의 재탄생을 예고한다

추천, 공유, 구독, 맞춤 서비스는 진화한다

O2O 플랫폼 기업들이 사업화하고 있는 추천, 공유, 구독, 맞춤 서비스는 몇 가지 시사점을 던져준다. 첫 번째, O2O 플랫폼 기업들은 지극히 개인주의적 사고로 누구나 느끼는 불편함에 집중하고 있다. 4차 산업혁명의 기술력은 1대 1 맞춤 서비스를 가능하게 한다. 이전에는 불편하지만 어쩔 수 없는 일이라고 치부하거나 불편하다고 느끼지조차 못했던 부분을 해결하는 서비스를 제시하고 있다.

『작고 멋진 발견』의 저자 김철수는 스타트업 콘퍼런스에서 "고객은 자신이 무엇을 원하는지 알지 못한다. 비즈니스 세계에서는 사람들의 말이나 텍스트에 기초해서 만들어진 숫자로 데이터화해서 큰 힘을 발휘한다. 하지만 고객의 욕구를 이해할 때 주의해야 하는 세 가지가 있다."라며 고객의 행동을 관찰해 혁신하는 방법을 안내했다.

그는 고객이 스스로의 욕구를 말하지 못하는 데는 세 가지 이유가 있다고 설명한다. 우선 자신이 무엇을 원하는지 알지 못할 때이다. 그래서 처음 출시된 제품이나 서비스를 외면하는 경우가 많다. 텔레비전이나 포드 자동차도 마찬가지였다. 새로운 서비스는 충분히 경험한 후 후행적으로 욕구를 발견하는 경우도 많다. 그리고 사람들은 원하는 것을 말로 표현하지 못할 때가 많다. 평소 자신이 원하는 것에 대해 깊이 있게 고민하는 고객은 거의 없다. 원하는 것을 인지하지 못하니 말로 할 수도 없다. 마지막으로 사람들은 자신의 행동에 대해 명확한 이유를 설명하지 못할 때가 많다. '왜 하는가?' 질문해도 고객들은 늘 하는 행동에 대해서 당연하게 받아들이기 때문에 설명을 제대로 못한다. 그러므로 고객이 시간과 공간의 맥락에서 눈빛과 몸짓 등을 관찰할 필요가 있다. 더 세밀하게 들여다보고 더 대담하게 통찰하도록 힘써야 한다.

O2O 플랫폼에서 제공하는 추천, 공유, 구독, 맞춤의 모든 서비스는 작고 멋진 발견을 통해 만들어졌다. 추천, 공유, 구독, 맞춤 서비스는 새로운 비즈니스 모델이지만 이미 많은 성공을 거두었다. 추천은 4차 산업혁명 이전의 추천이 아니고 공유와 구독도 이전의 서비스가 아니다. 맞춤은 더더욱 그러하다. 예전의 경험 정도 수준의 낮은 접근법은 금물이다. 개인화되어 가는 비즈니스 환경에 맞춰야 한다. 조금 더 고객 욕구 해결 관점에 가치를 부여해 타깃 고객의 잠재 니즈를 찾아야 성공할 수 있다.

두 번째, 추천, 공유, 구독, 맞춤 기업의 성공 포인트에는 기존 시장에서는 쉽게 혁신할 수 없는 부분을 혁신했다는 점이다. 소위 "스타트업이니까 가능한 일"이라는 평을 많이 듣는다. 대표적으로 마켓컬리의 신선식품 새벽배송은 오프라인에서 쉬운 일은 아니지만 그렇다고 기존 식품회사들이 생각하지 못했던 것도 아니다. 그러나 유통과 관련되어 오프라인 기업들은 '물류는 핵심 역량이 아니다.'라는 생각에 사로잡혀 있다. 가격 경쟁력과 부가 서비스에 압도되어 있었다. 하지만 스타트업 마켓컬리는 고객 관점에서 물류와 배송이 서비스의 가장 중요한 부분이라고 간파했다. 그리고 이를 실현시켰다. 고객 관점에서 접근해서 답을 찾았다. 또한 마켓컬리는 정교한 빅데이터를 활용해 유통에서도 혁신을 이룰 수 있었다. 신선제품의 콜드체인을 유지하며 유통 물류 배송을 실현하기 위해서는 정교한 관리가 필요하다. 신선식품의 수요를 예측하고 물류창고의 모든 상품을 관리했다. 빅데이터 분석팀은 고객수요 예측을 통해 지역별로 상품별로 다른 물류 체계를 도입했다. 수요 예측을 통해 비효율을 줄이고 판매 정확도를 높여 높은 이익률을 달성할 수 있었다.

세 번째, 추천, 공유, 구독, 맞춤 서비스는 공급자 중심에서 과감히 탈피하는 전략으로 고객들의 환호를 이끌어냈다. 오프라인 서비스에 종사하는 사람들에게 구독 서비스를 이야기하면 "과거에도 없었던 서비스는 아니다."라며 단순한 월 결제 서비스를 말한다. 우유나 신문과 같이 월별 결제 시스템을 적용하고 대신 고객에게 쿠폰을 찍어주면 된다고 생각한다. 이것은 전형적인 공급자 중심적인 개념이다. 결제 서비스만으로 구독 서비스를 신청할 고객은 없다.

플랫폼 서비스 기업들은 제품 판매가 아니라 서비스 제공을 통해 구독자를 창출한다. 고객 관점에서 추천, 공유, 구독, 맞춤의 핵심은 경제적 이득인 가성비와 개인 취향 저격이다. 일정액을 선불로 내는 경우에는 더욱 그러하다. 반복적인 사용을 통해 비용적인 세이브가 있어야 하고 나의 데이터를 기반으로 한 취향에 맞는 상품 추천도 받고 싶다.

마지막으로 추천, 공유, 구독, 맞춤 서비스를 기반으로 한 카피캣은 여전히 유효하다. 국내형 공간 공유 서비스의 형태로 진화하고 있는 패스트파이브는 미국의 위워크를 카피해 빠르게 성장하고 있다. 지역에 맞게 진화되는 서비스들을 만들어내고 있다. 외국의 화장품 구독 서비스 글로시에와 유사한 미미박스가 국내에서도 론칭되었다. 화장품 콘텐츠 플랫폼으로 진화했다. 미국에서 직장인을 위한 간식 시장을 타깃으로 성공을 거둔 스낵네이션과 유사한 기업이 국내에도 등장했다. 오피스 스내킹은 오후 3~4시가 되면 출출하니 간식 생각이 절실한 직장인을 타깃으로 주전부리를 배송하는 서비스를 제공하고 있다. 전문 영양 컨설턴트와 함께 건강과 두뇌활동에 좋은 브레인 푸드brain food를 포함해 기존 제품들과 차별화를 두었다.

추천, 공유, 구독, 맞춤 서비스 전략은 국내외 플랫폼 서비스 기업의 주요 전략이다. 오프라인 기업들이 경쟁해야 하는 기업들의 주요 전략이기도 하다. 오프라인 기업들도 분야를 막론하고 모든 것이 서비스화되어 가는 현상에 관심을 가져야 한다. 추천, 공유,

구독, 맞춤 서비스 전략에 대한 보다 깊은 연구도 필요하다.

고객이 바뀌었다

그간 고객만족을 외치던 기업들은 고객만족지수에서 높은 점수를 받기 위해 달려왔다. 점수 높이기에 매몰된 기업들은 서비스 패러독스Service Paradox에 직면해 있다. 서비스의 종류가 다양해지고 예전보다 편리해졌는데도 오히려 소비자들의 불만이 더 높아지는 아이러니한 상황이다. 서비스 패러독스가 일어나는 가장 큰 이유는 고객의 높아진 기대 수준 때문이다. 고객만족 경영의 대가 칼 알브레히트Karl Albrecht는 "마치 사슴처럼 앞서가는 고객의 기대를 달팽이의 속도로 쫓아가는 추격전"이라고 표현했다.

이제 갓 회사 문을 열고 역사도 짧은 O2O 기업들은 어떠한가? O2O 기업들은 고객만족을 외치며 고객만족지수 점수에 목숨을 걸지 않는다. 그럼에도 고객들은 빠른 적응과 환호 그리고 높은 충성도로 O2O 기업들이 제공하는 서비스에 열광하고 있음을 보여준다. 일례로 기존 오프라인 매장에서는 고객센터나 고객의 의견을 듣는 시스템은 잘되어 있다. 그러나 대부분 수동적인 접수에 그친다. 이런 행태를 잘 알고 있는 고객들은 언제부턴가 입을 다물었다. 불편함이 있어도 말하지 않는 고객의 침묵 비율은 95%에 이른다. 의견을 말하는 고객들은 5%뿐이다. 기존 오프라인 매장에서는 고객들이 불편함을 토로해도 보상금으로 때우는 작전을 주로 펼쳤다. 근본적인 해결이 아닌 대증요법으로 일관해왔다. 그렇다 보니 불만고객은 불량고객이 되고 보상금을 바라고 불만을 토로하는 고객도

서비스 특성	4차 산업혁명으로 진화된 서비스
무형성	이용 후기나 트렌드가 데이터로 축적되어 고객 욕구 분석 가능
이질성	인적 서비스의 최소화로 사람에 따른 이질성 극복 가능
비분리성	온오프라인으로 확장된 비분리성으로 더욱 긴밀한 서비스 가능
소멸성	고객이용 경험이 데이터로 남고 소멸되지 않음

생겨나는 악순환이 반복되고 있다.

O2O 서비스 기업들은 기존 오프라인 매장과는 다른 길을 가고 있다. 일례로 아마존은 초창기 컴플레인을 하지 않은 고객에게 사과 메일을 보내고 2.99달러를 환불해주었다. 고객은 영화 「카사블랑카」를 보았을 뿐이다. 아마존은 고객이 영화를 본 후에 「카사블랑카」의 재생 상태가 좋지 않았다는 사실을 확인했다. 아마존은 고객이 문제를 제기하지 않았지만 고객에게 합당한 대우를 해주었다.

아이러니하게도 고객만족지수를 외치지 않는 O2O 기업에 의해 고객만족의 역사가 다시 써지고 있다. 기존의 서비스에서는 '서비스란 무형성, 이질성, 비분리성, 소멸성'이라는 네 가지 특징이 있어서 유형의 제품과 달리 관리가 쉽지 않다고 해석했다. 그러나 4차 산업혁명과 선진 기술을 활용한 플랫폼 기업들의 활약으로 '서비스의 네 가지 특징'은 변형되거나 관리의 어려움이 해소되고 있다.

첫째, 무형성의 경우 서비스의 가장 보편적인 특성이다. 이전의 서비스는 대상이 아니라 성과나 행동이라고 볼 수 있기 때문에 느끼거나 맛볼 수 없고 만질 수 없었다. 하지만 4차 산업혁명으로 서비스는 이용 후기나 트렌드가 데이터로 축적되는 형태를 갖게 되었다. 무형성이 사라지면서 고객 욕구 분석도 가능해진다.

둘째, 이질성은 서비스란 주로 사람이 하는 일이기 때문에 일정한 품질로 제공될 수 없다는 내용을 담고 있다. 시간이 경과해 내용이 달라질 수도 있고 직원이나 고객에 따라서 달라질 수도 있다. 하지만 최근의 O2O 기업 서비스는 인적 대면 서비스 없이도 소통이 가능하다. 인터페이스 역시 앱이나 PC이다. 사람에 따른 이질성은 상당량 극복되었다.

셋째, 비분리성은 서비스가 생산되는 과정에서 동시에 소비가 이루어지므로 저장, 판매, 소비가 단계적으로 이루어지는 제품과 다른 소비 과정을 거친다는 내용이다. 하지만 최근의 O2O 기업은 제조와 판매가 구분이 가능하다. 온라인과 오프라인으로 구분된 서비스가 가능하다는 말이다. 반대로 온오프라인이 긴밀하게 연동되는 경우 비분리성이라는 특성을 더욱 강화해 고객 로열티를 향상시키는 곳도 있다. 고객의 편리에 맞게 온라인과 오프라인에서 모두 서비스를 이용할 수 있기 때문에 회원관리가 더욱 강화되어 긴밀한 서비스가 가능해지기도 한다.

넷째, 소멸성은 서비스가 저장될 수 없다는 의미이다. 물리적 제품은 생산 후 판매되지 않을 경우 재고로 보관할 수 있지만 서비스는 생산과 소비가 동시에 이루어지므로 소멸되고 만다. 하지만 최근의 서비스들은 실시간 검색 가능한 애플리케이션으로 재고로 남을 서비스를 저렴하게 이용할 수 있기도 한다. 호텔이나 항공사의 경우 그 시간대에 팔지 않으면 소멸되는 서비스의 특징이 가장 크다. 최근에는 예약되지 않은 룸과 좌석을 핫딜로 판매해 소멸되지 않도록 할 수 있다. 다양한 고객 이용 경험 데이터로 필요한 고객에게 푸시 알람으로 추천하는 서비스도 가능하다.

이러한 데이터는 온오프라인의 경험을 극대화하는 데 사용되며 소멸되지 않는다. 서비스는 단순한 인적 서비스, 표준화된 서비스를 넘어 '고객 욕구 해결 중심의 고부가가치 서비스'로 진화하고 있다. 한 마디로 O2O 기업들은 추천, 공유, 구독, 맞춤 서비스로 진화하면서 융복합적으로 비즈니스 모델을 창출했다. 그리고 추천, 공유, 구독, 맞춤 서비스는 이전에 고정관념화된 서비스의 특징까지 변용시키며 고객의 욕구를 해결하고 있다.

문제는 오프라인 기업이다. O2O 기업들은 O4O로 향해 가고 있다. 다양한 고객 경험을 만들어낸 O4O 플랫폼 기업들에 비해 전통적인 서비스 정신을 가진 오프라인 기업들은 적수가 되지 못한다. 아마존은 오프라인 서비스로 진출하면서 서점 아마존 북스amazon books, 무인편의점 아마존 고amazon Go 등을 운영하고 있다. 그런데 기존 오프라인 매장에서 고객이 불편해하던 요소들을 시스템으로 혁신하면서 세상에서 한 번도 경험해보지 못한 서비스를 제공하고 있다. 고객들은 흔히 마트나 백화점 식료품 판매 코너에 가서 결제를 위해 긴 줄을 설 때 불쾌함을 느낀다. 운이 나쁘게 옆줄보다 늦게 계산이 되면 짜증이 올라온다. 결제를 위한 줄서기 하나에도 눈치작전이 필요하다. 그런데 아마존 고에서는 줄을 설 필요도 없고No Lines 계산대에서 확인도 필요없으며No check out 아예 계산대 자체가 없다. 물론 계산원도 없다. 아마존은 단순히 인건비를 줄이기 위해서가 아니라 고객 관점에서 편의를 제공할 수 있는 혁

아마존 고

신적인 서비스를 내놓았다.

O2O 플랫폼 기업들이 고객들에게 숨 막히는 서비스를 제공하는 동안 고객의 경험은 우리도 모르는 사이 온오프라인의 경계없이 비교하게 된다. 상향 조정된 고객 경험 앞에 오프라인 기업들의 변화는 달팽이처럼 느리다. 전통적인 제조업, 서비스업 내에 존재하는 기업들에게 급변하는 4차 산업혁명의 파고를 넘을 전략이 필요하다.

3장

오프라인 기업의 추격은 가능한가?

1
오프라인은 물러설 곳이 없다

아마존이 세계를 재편하고 있다

10년 전만 해도 글로벌 시가총액 상위권은 모두 에너지 사업, 제조업, 금융업이 차지하고 있었다. 1위가 페트로차이나이고 2위가 엑손모빌이고 3위가 GE였다. 2018년 상위 3개 기업은 톱 10 아래로 추락했다.

2018년 세계 시가총액 상위 10개 기업 리스트에는 애플, 구글, 아마존, MS, 텐센트, 페이스북 등 온라인 기반 기업들이 포진해 있다. 그뿐만 아니라 2018년 3월 세계 최대 전자상거래업체인 아마존은 알파벳(구글 모회사)을 제치고 애플 다음 가는 세계 3위 시가총액을 달성했다. 2019년에는 1위로 등극하기도 했다. 월가에선 아마존 주가의 가파른 상승세가 한동안 지속될 것으로 보고 있다. 애플과 아마존의 시총 1조 달러 달성 경쟁의 최종 승자가 누가 될지 촉각이 쏠리고 있다.

시가 총액 상위 5대 기업

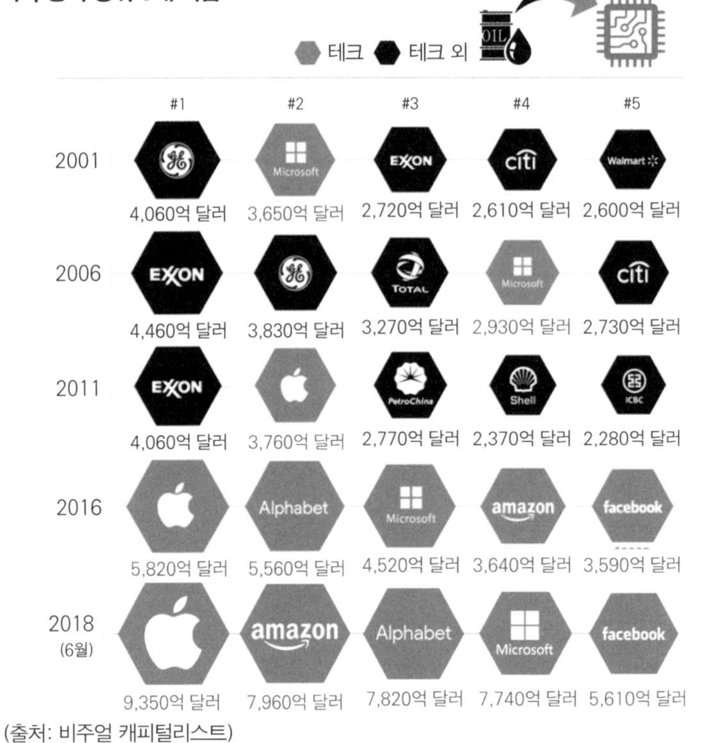

(출처: 비주얼 캐피털리스트)

아마존의 질주에 창업자인 제프 베조스는 자산도 함께 커졌다. 세계 부호 순위에서 빌 게이츠 MS 창업자(900억 달러)를 제치고 1위(1,120억 달러)에 올라섰다. 자산 총액 1,000억 달러를 최초로 넘었다. 아마존의 위력은 태평양 건너 우리에게까지 전해지고 있다. 네이버 검색창에 '아마존드Amazoned'를 검색하면 '시사상식사전'에서 그 뜻을 찾을 수 있다. '아마존에 의해 점령당한다'는 뜻의 신조어로 전자상거래업체 아마존이 각종 사업에 공격적으로 진출하면서 기존 시장질서가 파괴되는 현상을 말한다.

아마존 주요 인수합병 사례 및 매출

시기	인수 기업
1999년 4월	알렉사인터넷(웹 내비게이션 서비스), 익스체인지닷컴(전자상거래)
2008년 1월	오더블(오디오북 서비스)
2009년 7월	자포스닷컴(온라인 의류 판매)
2010년 11월	퀴드시(소비재 판매)
2012년 3월	키바시스템스(물류 자동화)
2014년 8월	트위치인터랙티브(동영상 스트리밍)
2015년 10월	엘리멘털테크놀러지(동영상 전달 기술 서비스)
2016년 5월	아틀라스에어월드와이드(항공 물류 서비스)
2017년 6월	홀푸드(유기농 식료품)

(십억 달러) 0, 20, 40, 60, 80, 100, 120, 140
1998년 2000 2002 2004 2006 2008 2010 2012 2014 2016

(출처: 아마존, 슈퍼마켓까지 인수, 한국경제, 2017. 6. 19)

'아마존드' 충격에 휩싸인 미국 유통 업체

업체(업종)	주요 내용
시어스(백화점)	2017년 매장 350여 개 폐점
메이시스(백화점)	2017년 매장 65개 폐점, 1만 명 감원
더 리미티드(여성의류)	오프라인 판매 사업 철수
토이저러스(장난감)	파산보호 신청
페이리스슈소스(신발)	파산보호 신청

(출처: 블룸버그통신)

아마존드: Amazonned

'아마존에 의해 파괴된다.' '아마존에 의해 점령당한다'는 뜻의 신조어다. 세계 최대 전자상거래업체인 아마존이 사업 영역의 경계에 국한되지 않고 공격적인 사업 확장을 펼치면서 기존의 시장 질서를 파괴하고 점령한다는 의미다.

아마존은 1994년 온라인 서점에서 시작해 인터넷 쇼핑몰, 유통, 물류, 식료품에 이르기까지 다양한 분야로 사업 영역을 넓혀가고 있다. 그리고 진출하는 분야마다 기존 질서를 무너뜨리며 시장을 장악했다. 아마존드라는 신조어는 이제 전세계가 부인할 수 없는 현실이 되었다. 2017년 10월 CNN은 아마존의 영향으로 미국에서 문을 닫는 각종 오프라인 점포수가 8,000~9,000개에 달할 것이라고 보도했다. 2008년 글로벌 금융위기 때 6,163곳의 매장이 문을 닫은 것보다 많은 숫자이다.

미국의 대표적인 유통그룹 시어스SEARS는 아마존드의 대표적인 사례로 꼽힌다. 2018년 10월 파산보호시청을 냈다. 한국인에게는 낯설지만 시어스는 미국 내에서 '대중 소비사회를 견인한 유통 공룡'으로 평가받았던 기업이다. 한때 미국 전역에 백화점과 대형마트를 포함해 4,000여 개의 매장을 운영했다. 하지만 2018년 말에는 매장 350여 개가 폐점했고 32만 명에 달했던 직원은 6만 8,000명으로 쪼그라들었다.

이밖에도 유명 캐주얼 브랜드인 갭GAP과 바나나리퍼블릭도 점포를 200여 개 줄였다. 여성 의류업체 더 리미티드는 오프라인 사업을 완전히 접었다. 69년의 역사를 자랑하는 미국의 대형 장난감 체인 토이저러스도 2017년 9월 파산보호 신청을 했다. 미국 시장조

아마존은 2017년에 미 전역에 470여 개 매장을 둔 유기농 식료품 체인인 홀푸드마켓을 인수했다. 온라인에 이어 오프라인에서도 유통 공룡이 되겠다는 전략이다.

사기관인 리오그퍼스트데이에서 "토이저러스는 아마존 때문에 망한 27번째 대기업"이라고 했다.

이러한 시류를 반영해 『데스 바이 아마존』의 저자 시로타 마코토는 아마존의 성장으로 위기에 처한 상장 기업 종목들의 주가를 지수화한 '아마존 공포지수'라는 것을 소개했다. 아마존 공포지수는 아마존의 약진으로 실적 악화가 예상되는 소매 관련 기업 54개로 구성되는데 월마트와 코스트코 등의 대형 유통업은 물론이고 백화점, 슈퍼마켓, 할인점, 드럭스토어, 건강식품 제조 및 판매사, 신발 및 의류 판매사, 주방·인테리어 판매사, 생필품 판매사, 가구 판매사, 서점, 게임 소프트웨어 판매사, 사무용품 판매사를 모두 아우른다. 이쯤 되면 아마존드되지 않을 영역이 거의 없는 것으로 보인다.

아마존 공포지수의 위력은 대단하다. 2017년 6월 아마존이 고가의 유기농 식료품점 홀푸드Whole Foods 마켓을 137억 달러에 인수한다는 소식이 발표되자 월마트와 코스트코의 주가가 각각 4.65%, 7.2% 하락했다. 월마트와 코스트코는 홀푸드의 경쟁사라고 하기 어려울 정도로 규모가 큰 유통사들이다. 홀푸드보다 규모면에서 훨씬 앞서 있었다. 그러나 아마존 공포지수가 주식시장에 반영되면서 월마트와 코스트코의 주가가 휘청거렸다.

그렇다면 "왜 갑자기 아마존이 오프라인 식료품점을 인수했는가?" 시장에서는 여러 가지 분석을 내놓았다. 홀푸드 마켓은 미국 텍사스 오스틴에 본사를 두고 있고 431개 매장을 보유한 오프라인 식료품 업체이다. 미국에서는 큰 규모의 식료품점은 아니다. 그런데 왜 아마존은 다른 곳을 제쳐두고 홀푸드 마켓을 인수한 것일까? 온라인에서 책이나 팔던 아마존은 끊임없이 사업 영역을 확장해왔다. 전자상거래, 클라우드 사업, 스트리밍 사업, 영화, 식품배송 서비스 등 지속적인 인수합병을 통해 완전히 모든 것을 아우르는 거대 기업으로 변신해왔다. 이 과정에서 아마존이 전략상 중점을 두었던 것은 '데이터 확보'였다. 특히 온라인 식료품 사업과 자체 상품(PB 상품)을 확장하면서 더 많은 쇼핑 데이터를 손에 넣었다. 아마존은 이 데이터를 기반으로 온라인·오프라인 연계인 O4O 사업에도 박차를 가하고자 하는 것이다. 전문가들은 아마존이 홀푸드를 인수하면서 O4O 사업에 적극적으로 뛰어들 것이라고 진단했다. 50%에 이르는 미국 온라인 쇼핑 시장 점유율을 기록하며 얻은 노하우를 오프라인 시장에서 활용하여 사세를 확장하려 한다는 예측이다.

진즉부터 오프라인 기업들은 아마존으로 대표되는 온라인 쇼핑몰과의 치열한 경쟁 속에 놓이게 됐다. 그런데 온라인 쇼핑몰들은 이제 미지의 인터넷 안에서만 활동하기를 거부한다. O4O 사업으로 오프라인에 직접 진출해 고객들을 맞이하겠다고 나서고 있다. 오프라인 기업들은 바짝 긴장하지 않을 수 없다. 이제 큰 규모와 다양한 상품을 갖추었다는 장점만으로 살아남기 어려운 시대가 되었다.

진격의 오프라인 업체들의 선택은?

아마존과 같은 온라인 업체들의 도전이 계속되면서 전통적인 산업에도 많은 변화가 찾아오고 있다. 독일의 글로벌 시장통계조사 그룹 스타티스타Statista에서 발표한 2018년 자료에 따르면 전세계 스마트폰 보급률은 60%이다. 한국이 94%, 이스라엘이 83%, 호주가 82%, 미국이 77%이다. IT 강국이라고 보기 어려운 칠레, 요르단, 스페인, 레바논도 70%를 넘는다. 스마트폰 보급이 많아지면서 온라인(모바일) 쇼핑 이용객도 늘고 있다. 각 국가의 온라인 인구 중 최소 74%에서 최대 83% 이상이 온라인에서 제품을 구입하고 있다. 중국, 한국, 영국, 독일, 인도네시아, 인도, 미국, 대만, 폴란드, 태국 등에서는 온라인 쇼핑몰 이용률이 75% 이상으로 나타났다.

온라인 쇼핑이 증가하면서 어느 부분에서는 좋은 점이 나타나고 어떤 부분에서는 나쁜 점이 나타나겠지만 소비자들의 반응은 대체로 긍정적이다. 소비자들은 오프라인 대비 저렴한 가격의 제품을 빠르고 편리하게 배송받을 수 있다. 기술 기반으로 한 고객 접근법으로 고객만족도 향상되었다. 관련 일자리가 창출되어 잠재 고객의 삶에도 기여한다는 평가도 있다. 하지만 오프라인 동종 업계에서는 결코 반길 만한 상황이 아니다. 산업의 경계를 허물고 있는 온라인 업체들은 이전에는 없던 서비스를 설계해 앞서가고 있다. 극단적으로는 오프라인 업체들은 소비자의 선택에서 제외되는 수난을 겪고 있다. 나름의 해법을 찾아보지만 아직 명확한 성공의 기미는 보이지 않는다.

미국에서 "모든 기업이 아마존드되는 상황에서 어떻게 살아남을까?" 주목을 받고 있는 두 개 기업이 있다. 바로 아마존의 홀푸드 인수로 주가가 휘청거린 코스트코와 월마트이다. 한국에서도 인기가 높은 코스트코는 비용을 최소화하고 멤버십 회비를 받아 경쟁사들보다 더 나은 가격으로 제공하면서 경쟁력을 키워왔다. 실제 코스트코는 수익의 4분의 3을 60~120달러의 연회비에서 창출한다. 덕분에 월마트 다음으로 큰 회사가 됐다. 아직까지는 아마존에 뒤지지 않는다. 클라우드 비즈니스를 포함한 아마존의 전체 매출은 코스트코보다 높지만 소매 매출은 코스트코가 앞선다.

스스로를 '회원제 창고 세일 유통 업체'라고 강조하는 코스트코는 많은 강점을 가지고 있다. 전세계 코스트코 회원 가입자는 9,300만 명으로 충성도가 매우 높다. 2018년 6월 기준 코스트코의 회원 재가입률은 90%가 넘는다. 멤버십 회원들은 대용량의 제품 대비 가격경쟁력으로 연회비에 대한 충분한 보상을 받는다고 생각한다. 덕분에 코스트코는 회원들을 위해 가격인하를 꾸준히 추구하며 무료배송과 같은 비용이 많이 드는 서비스는 하지 않았다.

아마존 홀푸드 vs 대형소매업체

구분	대응 전략
	아마존은 홀푸드를 인수한 후 최저 가격을 제공할 목적으로 모든 온라인 소매 사이트의 가격을 매일 조사하면서 하루에 최소 4~5차례 가격을 바꾸는 정책으로 오프라인 경쟁업체를 위협하고 있다. 손해를 감수하더라도 일정 기간 저가 판매를 고수하고 있다.
	최근 온라인 소매업의 제트닷컴을 인수합병해 하락한 온라인 매출 향상을 도모하고 있으며 최저가 매출비중 80% 목표로 아마존과 맞대응 전략을 펼치고 있다. 맴버십 서비스 강화로 충성도 높은 고객에게 무료 배송 서비스, 퇴근길 배송(직원 출퇴근 차량 활용) 서비스, 우버 배송 서비스를 하고 있다. 온라인 셔츠 주문제작 판매업체 '보노보스'를 인수합병했다.
	2014년부터 글로서리 배달업체 인스타카트, 구글익스프레스, 최근 쉬프트와 협업해 빠른 배송을 위한 맞대응 전략을 펼치고 있다.

(출처: 대형소매업체 '전쟁'시작됐다, 중앙일보, 2017. 5. 17, 재편집)

합리적 가격과 회원들의 높은 충성도와 같은 코스트코의 '아마존드'를 막는 가장 강력한 방어막으로 작용했다. 하지만 최근에 코스트코는 또 다른 방어막을 위해 고군분투하고 있다. 아마존과 경쟁하기 위해 서비스 혁신을 진행 중이다. 코스트코는 신선식품 관리 솔루션을 개발한 스타트업 제스트 랩스Zest Labs와 파트너십을 맺고 농산물을 더 오래 신선하게 유지하는 시스템을 개발하고 있다. 신선식품을 대신 구입하고 배달을 대행하는 인스타카트Instacart와 제휴해 배송 서비스도 시작했다. 식료품은 2일 배송이고 신선식품은 당일 배송을 원칙으로 한다.

유통채널 패러다임의 변화 양상

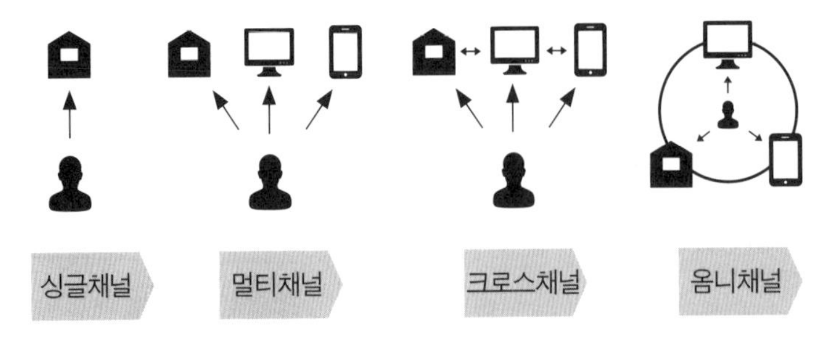

(출처: 채널 간 경계 허문 옴니채널의 등장, 한강일보, 2015. 5. 25)

코스트코는 온라인 사업 강화에도 힘을 쏟고 있다. 앞서 언급한 미국의 대표 유통 공룡 기업인 시어스의 몰락에서 한 수를 제대로 배웠다. 전문가들은 시어스가 몰락한 원인으로 '온라인 전략의 부재'를 꼽는다. 아마존이 등장하면서 소비자들이 온라인에 눈을 돌리기 시작했는데 시어스는 변화하는 환경에 적응하지 못했다는 것이다. 경쟁 기업들이 데이터를 활용하고 주기적으로 분석해 빠르게 변화하는 소비자의 소비 행태를 읽어내기 위해 노력하는 사이 시어스는 오프라인 유통망에 안주하고 기존 소비자만 쳐다봤다는 비판이다. 따라서 코스트코는 온라인 사업에도 공을 들이고 있다. 온라인과 오프라인 전용 상품을 구분해 판매하고 서로 상호 보완하도록 한다. 덕분에 2017년 온라인 부분 성장률이 21%를 기록했다.

월마트의 노력도 코스트코와 크게 다르지 않다. 월마트는 오프라인 전문 50년 전통의 최대 규모의 식료품점이다. 하지만 2016년 8월에 무려 33억 달러(약 3조 8,000억 원)라는 거액으로 온라인 유통업체인 제트닷컴Jet.com을 인수하고 창업자 마크 로어를 5년

옴니채널 전략

코스트코와 월마트는 온오프라인을 통합한 '옴니채널' 전략으로 아마존드의 파고를 넘어설 것으로 보인다.

계약으로 영입해 온라인 커머스 최고 책임자 자리를 맡겼다. 이후 2017년 1월 신발 전문 쇼핑몰인 슈바이닷컴ShoeBuy.com을 7,000만 달러에 인수했고 2월에는 아웃도어 유통업체인 무스조Moose Jaw를 5,100만 달러에 인수했다. 월마트 랩스에서는 샘스클럽(월마트의 회원제 창고형 할인점)과 월마트 회원들을 위한 스마트폰 앱을 개발하고 온라인과 오프라인에서 활용될 수 있는 다양한 기술을 개발하고 있다. 월마트는 이러한 기술 연구를 바탕으로 2018년 1월 스캔앤고Scan&Go라는 기술을 선보였다. 매장을 방문한 고객은 원하는 제품을 고른 후 스마트폰의 스캔앤고 앱에서 제품의 바코드를 스캔해 결제를 마칠 수 있다. 제품을 들고 매장을 나갈 때는 직원에게 전자 영수증만 보여주면 된다. 스캔앤고 앱 서비스는 샘스클럽에서 실시하고 있고 앞으로 미국 전역으로 확장할 예정이다. 결론적으로 코스트코와 월마트는 온오프라인을 통합한 '옴니채널' 전략으로 아마존드의 파고를 넘어설 것으로 보인다.

옴니채널 이상의 전략이 필요하다

옴니채널 유통 전략이란 한 기업이 백화점, 마트, 아울렛, 홈쇼핑, 온라인 쇼핑몰 등 각각의 채널을 하나로 통합하는 것을 말한다. 채널에 관계없이 동일한 제품에 대해 동일한 가격과 프로모션으로 구매할 수 있다. 유통 채널은 단일 오프라인 매장에서 물건을 사고파는 싱글채널에서 하나의 회사가 여러 유통라인을 운영하는 멀티채널로 하나의 회사에서 채널 간 가격이나 프로모션의 일정 수준을 유지하는 크로스채널로 발전해왔다. 그리고 최근에는 온오프라인에서 동일한 가격과 프로모션을 진행하는 옴니채널로 발전하고 있다.

사실 요즘 많은 고객들은 오프라인에서 제품을 구경하고 테스트까지 해본 후에 구매는 온라인으로 한다. 인건비와 임대료 등이 포함된 오프라인 가격은 온라인보다 쌀 수 없다. 소비까지 이루어지는 비용은 오프라인에서 지불하고 고객이 구매하여 생긴 이익은 온라인이 가져가는 구조이다. 그러다 보니 기업으로서는 울며 겨자 먹기라도 옴니채널을 선택할 수밖에 없다.

옴니채널은 온오프라인에서 가격 차이가 없다. 서비스 차이도 없다. 온라인에서 구매한 제품도 오프라인 매장에서 관련 서비스를 이용할 수 있다. 유통업체 입장에서도 옴니채널 소비자는 단일 채널 소비자보다 훨씬 가치가 있다. 하버드 비즈니스 스쿨이 2015년 6월부터 1년 여간 4만 6,000명의 소비자를 조사한 결과 옴니채널 소비자들은 단일 채널 고객보다 더 많은 소비를 한다. 이용하는 채널이 많아질수록 소비액도 올라간다. 4개 이상의 채널을 이용한 소비자들은 단일 채널 소비자보다 평균 9% 더 많이 소비했다.

하버드 비즈니스 스쿨은 소비자도 이미 '옴니채널형'으로 바뀌고 있다고 보고했다. 조사 대상 중 온라인으로만 물건을 구매한 소비자는 7%, 매장에서 구매한 소비자는 20%였다. 나머지 73%는 여러 채널을 이용했다. 미국 펜실베이니아대 경영대학원 와튼스쿨 산티아고 갈리노Santiago Gallino 교수는 "온라인과 오프라인을 분리해 생각하는 것은 더 이상 지속 가능하지 않다. 이미 소비자들은 유통업체를 분리해 생각하지 않는다."고 지적했다.

그러나 이러한 옴니채널 전략은 온라인 기업과 경쟁하기 위한 정책은 아니다. 온라인 기업의 O2O, O4O 서비스는 옴니채널과 개념이 전혀 다르다. 유전자가 다르다고 생각하면 된다. 아마존은 이미 2015년 미국 시애틀에 오프라인 매장인 아마존 북스를 열었다. 그리고 기존 오프라인 매장을 뛰어넘는 전략을 펴고 있다. 시애틀의 아마존 북스는 약 5,000권의 서적을 갖추고 전자책 단말기인 아마존의 킨들과 음성 비서 단말기인 아마존 에코를 전시하고 있다. 이곳의 책은 모두 앞표지가 보이도록 진열되어 다른 서점보다 책 찾기가 수월하다. 게다가 아마존 북스는 아마존닷컴에서 수집한 빅데이터를 활용해 베스트셀러나 독자 별점 4개 이상을 기준으로 책을 진열한다. 예약 판매 상황, 매출 데이터, 주변 지역 독자들의 서점 구입 경향도 분석해 매장 재고를 조절한다. 소비자의 주요 데이터를 보유한 아마존만이 펼칠 수 있는 전략을 펴고 있다.

도서 『데스 바이 아마존』에서는 온라인에서 성공해 오프라인으로 진출한 '아이스타일'이라는 기업을 소개하고 있다. 아이스타일은 원래 화장품 후기 사이트인 앳코스메를 운영했다. 앳코스메는 2030 여성들의 인기를 모으며 470만 명에 달하는 회원을 보유하게 됐다. 월간 방문자도 1,640에 이르렀다. 이에 아이스타일은 일본 시부야와 우에노의 마루이 백화점 등 주요 매장에 앳코스메라는 화장품 브랜드를 입점시켰다. 앳코스메 사이트에서 수집한 데이터는 아마존처럼 매장 운영에 그대로 활용됐다. 인기 있는 자리에 높은 평가를 얻은 상품이 진열되어 소비자들의 구매력을 상승시켰다. 고객들은 많은 사람이 써보고 좋다는 평가를 받은 제품을 선호했다. 화장품 종류나 브랜드도 워낙 많아 좋은 제품을 고르는 것이 어려운 시장에서 큐레이션 전략은 탁월한 성과를 만들었다. 이제 앳코스메는 온오프라인을 융합해 치열한 경쟁에서 성공한 기업으로 꼽히고 있다.

옴니채널 전략은 기존 오프라인 기업들이 선택할 수 있는 가장 쉬운 선택이다. 하지만 O4O 서비스를 개시한 온라인 기업에 대한 확실한 대항마라고 보기는 어렵다. 우선 기존 오프라인 기업들은 개인화된 서비스가 쉽지 않다. 오프라인 매장 자체가 플랫폼이기에 고객별 이용 경험 데이터가 축적되기보다는 공급자 관점에서의 데이터 관리를 하는 경우가 많다. 대기업의 경우 오프라인 플랫폼을 운영하다가 온라인이 구축되면서 가입한 고객이 반드시 해당 오프라인 플랫폼에서만 경험하는 것이 아니라 언제든지 다른 오프라인 채널이나 온라인으로 넘어갈 수 있게 된다. 즉 옴니채널 고객은 O4O 서비스까지 확장한 온라인 플랫폼 기업들보다 고객 충성도가 떨어진다. 온라인 기업 대비 소비자 정보가 아직은 턱없이 부족하기 때문이다. 다음으로 기존의 거대한 오프라인 매장을 고려할 때 기존의 매장을 이동시키는 것이 쉽지 않다. 마지막으로 소비자의 의사를 듣고 이를 반영할 수 있는 채널을 확보하기 어렵다. 고객 관점의 개인화된 데이터를 분석하고 해석해야 하는데 오프라인 기반 기업에서는 쉽지 않다. 오프라인 기업이 옴니채널 전략을 구사하기 위해 아직은 보완해야 할 부분이 많아 보인다.

90%가 망하고 10%가 살아 남아 번성할 것이다

'파레토의 법칙'이란 것이 있다. 경영 컨설턴트인 조지프 듀란이 이탈리아 경제학자 빌프레도 파레토가 발견한 현상에서 이름을 따왔다. 파레토는 1896년에 이탈리아 20% 인구가 80% 땅을 소유한다는 현상에 대해 논문을 발표했다. 흔히 8대 2의 법칙으로도 불린다.

8대 2의 법칙은 여전히 유효하다. 딜로이트의 조사에 따르면 2018년을 기준으로 지난 10년은 잃어버린 시대였다. 미국의 하위

40% 소득자는 생활비를 맞추는 데도 급급한 상황을 보냈다. 중위 40% 소득자 역시 수입의 감소를 겪었다. 상위 20%의 소득 가구를 제외하고는 80%의 미국 소비자가 재정 상황이 악화되었다. 하지만 상위 20% 소득자에게는 정반대의 상황이 전개되었다. 이들은 같은 기간 수입이 늘어났다. 기본생활비를 제외한 소비 지출의 60% 이상을 차지했다. 유통업은 어떻게 이를 받아들이고 있을까? 현재 유통업은 크게 세 가지 지향점으로 움직이고 있다.

첫째는 80%를 대상으로 한 최저가 '가격 지향' 전략이다. 가처분소득이 제한된 80%의 소비자들은 가격 민감도가 높아질 수밖에 없다. 바지 한 벌을 사더라도 주저하게 되고 최저가를 제시하는 유통업체에게 끌릴 수밖에 없었다. 이러한 현상을 최근 트렌드에서 나타나고 있는 '가성비' 전략이라고도 한다. 둘째는 폭넓고 다양한 제품과 서비스를 제공하며 가격도 동시에 추구한다. '균형 지향' 전략을 선택하는 기업들이다. 마지막 셋째는 고급화를 추구하며 차별화된 제품과 서비스로 더 나은 가치를 제공하려 한다. '고급 지향' 전략을 선택하는 업체들을 찾는 소비자도 늘고 있다. 이러한 현상은 가성비도 중요하지만 '가심비' 전략도 필요하다고 표현한다. 한 번 나에게 마음껏 투자하고 싶을 때 카테고리에서 가장 값비싼 가격 제시도 기꺼이 지불하게 된다는 것이다.

그렇다면 이들의 성적표는 어떠할까? 지난 5년간 '균형 지향' 업체들의 매출은 2%로 정체되었다. '고급 지향' 업체들은 매출이 무려 81%가 올랐다. '가격 지향' 업체들도 37% 수준의 매출 성장을 거두었다. 유통업만 놓고 보자면 업계는 정체와 성장 두 가지 양상을 동시에 보여주고 있다. 수많은 뉴스를 장식하고 있는 폐점 점포 수는 현실의 반영이다. 하지만 '가격 지향'과 '고급 지향' 업체들은 새로이 매장을 열고 있다.

그렇다면 오프라인은 어떤 길을 걸어야 할까? 근본으로 돌아가 보자. 모든 결정은 고객에 대한 깊이 있는 이해로부터 출발해야 한다. 오프라인은 고객의 변화에 따라 분화되는 모습을 보여준다. 가장 쉽게는 오프라인 매장이 지고 온라인이 뜬다고 예단할 수 있다. 하지만 이는 고객의 변화를 반영한 현상일 뿐이다. 시장 변화에 대응하는 수준에 따라 격차가 벌어진다. 온라인의 독주를 예상하기는 어렵다.

현재 왕성한 소비활동을 하고 있는 밀레니얼 세대(1980년대 초반에서 2000년대 초반 출생)는 유통 시장의 핵심 연령층이다. 이들은 보통 스마트폰에 중독돼 있고 온라인에서만 쇼핑을 하는 것으로 묘사되지만 실제 소비 행동은 기존 세대와 크게 다르지 않았다. 많은 연구에서 소비의 차이는 '세대'보다는 '소득' 차이에 기인한 경우가 많다고 보고 있다. 고객이 구매를 결정하는 것은 가처분 소득이고 소득의 분화는 유통업의 분화로 이어질 수 있다. 한편 2018년 3월 딜로이트는 「유통의 대분기점The Great Retail Bifurcation」이라는 보고서를 통해 "현재가 유통의 종말기가 아니라 르네상스가 시작될 것"이라고 예견한다. 유통업의 성장을 예견하는 가장 큰 이유는 '소비의 증가'이다. 2008년 금융위기 이후 10년간 경제 성장에 따른 소득 증가는 고소득 가구의 증가로 이어졌다. 앞서 설명한 상위 20% 소득자에 관한 이야기이다.

스타벅스 1호점

스타벅스 1호점 매장의 위치는 1971년부터 1976년까지 시애틀 웨스턴 에비뉴 2000번지였으나 나중에 파이크 플레이스 1912번지로 이동하여 현재까지 성업 중이다. 이제는 시애틀의 관광명소가 되어 오후가 되면 관광객으로 북새통을 이룬다.

다음으로 '유통 채널의 다양화'이다. 고소득 소비자의 52%가 온라인을 선호하는 반면 저소득 소비자의 58%는 오프라인을 선호한다. 저소득층은 슈퍼마켓, 편의점, 할인마트를 선호한다. 고소득층은 점차 온라인을 향하고 가격에 민감한 저소득층은 여전히 오프라인을 선호한다. 여전히 시장에는 다양한 소비자가 있고 이들의 구미를 맞추면 온라인이든 오프라인이든 생존 가능성이 높아진다. 그리고 여전히 오프라인의 소매 판매액은 온라인을 앞지른다. 온라인 쇼핑이 급속도로 성장하지만 2025년에도 모든 소매 판매의 80% 이상은 실제 매장에서 일어날 것으로 예상된다.

유통업은 상전벽해 상황에 처해 있다. 하지만 이는 종말이 아니라 새로운 기회를 뜻한다. 광범위한 고객 데이터에 기반을 둔 새로운 기술들로 유통업이 역동적으로 살아나고 있다. 글로벌 커피 전문점으로 지속성장하고 있는 스타벅스의 사례를 살펴보면 창업자 하워드 슐츠는 2009년부터 모바일 앱을 출시하면서 일치감치 커피 전문점을 넘어 'IT 서비스업'으로의 전환을 선언하고 오프라인의 시스템화에 앞장섰다. 지금도 새로운 디지털 기술 및 푸드테크를 도입하는 등 투자는 계속되고 있다. 오프라인 매장 경험을 차별화하기 위해 최첨단 기술인 고객 인사이트 마이닝Customer insight-mining을 활용해 지역 및 고객 타깃에 맞는 '고급화'와 '가격 지향' 전략을 추진 중에 있다. 스타벅스를 추격하는 후발주자와 경쟁자들은 엄청난 격차를 추격할 수 없는 상황이 되었다.

세계적으로 가장 오래된 커피와 홍차 프렌차이즈 브랜드인 커피빈은 미국 본토에서 스타벅스와 비교할 수 없을 정도의 실적으로 이제서야 추격할 계획을 발표하고 있다. 국내에서는 5년 전만 해도 스타벅스와 어깨를 나란히 할 정도로 커피 전문점 업계의 쌍두마차였지만 지속적으로 영업이익이 하락하는 추세다. 하지만 중국의 커피시장은 떠오르는 샛별이 추격하고 있다. 중국 토종 브랜드 루이씽 커피는 O4O 스타트업이지만 엄청난 속도로 4년 만에 2,400개 매장을 오픈하며 확장하고 있다. 스타벅스는 중국 시장에서 14년 동안 1,000개 매장을 오픈했다.

중국 토종 커피 브랜드인 루이씽 커피는 스타벅스와 비슷한 경험을 주면서 가격이 20% 저렴하다. 중국의 스타벅스의 아메리카

스타벅스 디지털 플라이휠

(출처: 스타벅스)

노 가격은 3,700원 수준으로 우리나라보다 약간 저렴한데 루이씽 커피는 약 3,000원 수준으로 저렴하며 5잔 먹으면 1잔 무료의 마케팅도 스타벅스 사이렌오더보다 혜택으로 느껴진다. 루이씽 커피는 모바일 앱으로만 주문하고 매장에서는 주문하는 직원이 없다. 또한 스타벅스를 배달하게 만든 커피 브랜드로 유명한데 중국이라는 대륙적 특성에 맞게 배달 서비스를 강화해 성공을 거두고 있다. 이에 스타벅스 중국도 배달 서비스를 시작했으며 이는 전세계적인 시장을 겨냥한 실험이라고도 밝혔다. 하지만 루이씽 커피는 과감한 외형 투자로 인해 4억 7,000억 원 적자를 기록했고 무리한 가격경쟁과 무료 쿠폰 남발로 어려움을 겪고 있어 스타벅스를 추격할 수 있을지 두고 봐야 한다.

이렇듯 스타벅스는 1971년 시애틀의 작은 커피집에서 시작해 하워드 슐츠를 만나 급변화하는 시대 속에서 지속적으로 혁신한 오프라인 서비스업의 상징이 되었다. 국내에서도 스타벅스코리아는 커피 전문점 업계 1위의 고객이 가장 사랑하는 브랜드이다. 그 이유는 고객 경험 업그레이드를 위해 지속적으로 노력하고 있기 때문이다. '사이렌 오더' 및 드라이브 스루 오더인 'DT 서비스'까지 오프라인에서 편리하고 새로운 경험을 창출하고 있다. 스타벅스 코리아를 운영하고 있는 신세계그룹도 함께 성장했다. 스타벅스 원브랜드One Brand로 매출액 1조 2,634억 원을 달성한 것은 국내 굴지의 푸드 서비스 그룹의 다양한 외식브랜드를 합친 것보다 더 가치 있다는 평가다.

9대 1의 법칙은 변화의 시기에 가장 유효하다. 급격한 지각변동은 시장의 90%를 망하게 할 수 있지만 살아남은 10%에게는 번영의 시기가 돌아온다. 거대 산업인 유통업 및 오프라인 종사들도 10%가 되기 위한 노력이 필요하다.

"오프라인은 여전히 살아남을 것이다. 그러나 모든 오프라인이 그러진 못할 것이다."

변화의 본질을 깨닫고 발 빠르게 혁신한 기업에게 여전히 기회는 있다. 르네상스는 성장의 기회를 품고 있다. 독창적 제품과 체험형 쇼핑, 활기찬 매장, 디지털 채널 등을 운영한다면 10%로 살아남아 이후의 르네상스를 경험할 수 있다.

2
PB 큐레이션
: 현명한 소비를 유도한다

가성비로 승부하는 오프라인의 PB 큐레이션

지난 2006년 까르푸에 이어 월마트마저 국내 매장을 처분하고 떠났다. 세계적인 유통기업이 국내시장에서 철수하자 외국 언론들은 "한국은 글로벌 브랜드의 무덤"이라고 소리쳤다. 유통업체의 실패 원인은 배타적 분위기 때문으로 분석됐다. 하지만 많은 전문가들은 글로벌 브랜드의 현지 적응 미숙을 지적했다.

국내 토종 대형마트인 이마트는 글로벌 유통기업이 국내시장에서 나가떨어질 때 성장세를 이어온 기업이다. 1993년 창동점을 시작으로 2019년 5월 기준 143개 점포를 운영하고 있다. 이 업체는 목이 좋은 점포를 갖은 게 가장 큰 장점이었다. 신규 출점 지역도 입지가 좋은 곳을 선택했다. 또한 국내 최초로 '이코노숍Econo Shop' 개념을 도입해 정착시켰다. 좋은 품질의 제품을 싸게 판다는 이미지로 소비자들의 신뢰를 얻었다. 차별화 전략도 고속 성장에 기여했다. 초기의 창고형 할인점에서 벗어나 백화점 수준의 매장 인테리어와 서비스를 제공했다. 2000년대까지만 해도 '월마트, 까르푸를 이긴 기업'이란 평가를 받았다. 이들 글로벌 기업이 2006년 한국에서 잇달아 철수한 건 국내 토종 마트를 이기지 못했기 때문이라는 설명이 따라다녔다. 국내 토종 마트는 다양한 경쟁력으로 중국, 베트남, 미국까지 글로벌로 진출했다.

그런데 위기가 찾아왔다. 2019년 1분기 영업이익이 743억 원으로 집계됐다. 2018년 1분기보다 51.6% 급감한 수치였다. 국제신용평가사 무디스는 이를 반영해 신용등급을 기존 'Baa2'에서 'Baa3'로 낮췄다. 세부적으로 들어다보면 오프라인 할인점은 역성장을 하고 있지만 창고형 매장과 온라인몰은 20%대 성장세를 이어가고 있다.

한국형 마트들은 지속적인 경기불황, 소비침체, 오프라인 출점 제한과 이커머스(전자상거래) 등장 등 거듭되는 악재 속 부진한 실적을 이어가고 있다. 이쯤 되면 국내 토종 마트도 달라진 소비 패턴과 비즈니스 환경에서 어떻게 혁신하고 오프라인 매장을 혁신할 것인지 고민하지 않을 수 없다.

대응 전략으로 코스트코와 같은 창고형 매장이면서도 입회비가 없는 매장을 늘리고 PB 제품으로 구성된 '품질 좋고 가성비 좋은 상품'을 판매하는 매장을 확장하는 전략을 펼치고 있다. 이런 현명한 소비를 이끄는 가성비 갑 매장 형태는 2018년 200개 점포를 넘겼다. 2015년 론칭 첫해에 이미 매출 270억 원을 기록하고 연간 200억 원이 넘는 메가 브랜드로 성장하고 있다.

기존 마트와 다른 형태의 이 매장 특성을 한 단어로 정의하면 'PB'이다. 'Private Brand'의 약자로 유통업체에서 직접 만든 자체 브랜드 상품을 뜻하며 자사상표, 유통업자 브랜드, 유통업자 주도형 상표로도 불린다. 이 매장이 밝힌 자체 브랜드 상품의 가격은 기존 상품보다 20~40% 싸다. 이를 가리켜 '한국의 가격혁명 1탄'이라고 덧붙였다.

PB 제품은 거품을 빼고 가격은 낮추되 품질은 유지하는 '가성비' 전략의 대표 상품이다. 미디어 매체를 통한 광고를 하지 않기 때문에 전적으로 사용해본 소비자들의 '입소문'을 의지한다. 다행히 TV 앞을 떠난 2030 젊은 세대에게는 이 방법이 빠르고 유효하다. 게다가 이 매장은 대형 창고형 할인점보다 점포가 작기 때문에 주거지 근처에 입점할 수 있다. 내부 인테리어는 공간감이 느껴지면서도 세련되게 꾸몄다. 제품도 주기적으로 업데이트한다. 이러한 큐레이션이 가성비와 접목돼 고객을 끌어 모으고 있다. 이름은 '노브랜드No-brand'지만 자체가 이미 브랜드가 된 상황이다.

'빠르고 민첩하게' 오프라인 공룡기업의 혁신

노브랜드의 탄생에는 재미난 에피소드가 있다. 2015년 8월 노브랜드 TF팀은 이마트 내 식품 전문가 네 명이 모여 '실패해도 좋다. 무엇이든 제대로 한 번 시도해보자'는 분위기에서 시작됐다 '지금까지 대형마트에서 기획한 사업과는 완전히 달라야 한다'는 목표를 갖고 뛰어들었다.

그러면서도 제품기획, 아이디어, 개발전략 등의 상당 부분은 TF

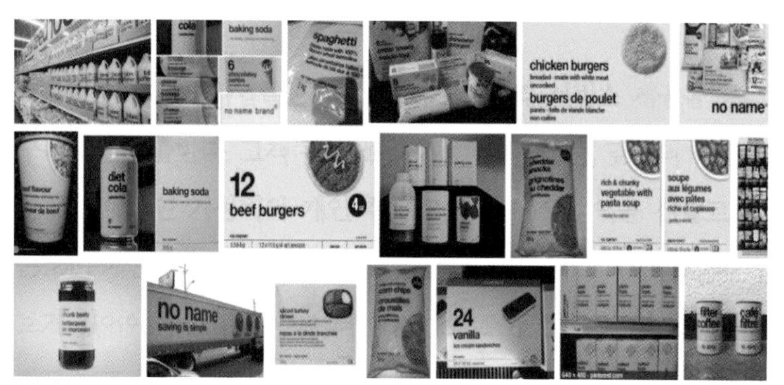

(출처: 노네임 쉬림프링 추천, CMB 프레스, 토론토, 2017. 9. 25)

팀원들에게 일임했다. 조직은 철저히 열린 구조를 지향했다. 모든 제품군의 뛰어난 바이어들에게 의견을 묻고 제안을 받을 수 있도록 했고 의사결정은 본부장 직속으로 이루어졌다. 중요한 문제는 곧바로 직접 부회장에게까지 보고할 수 있었다.

노브랜드의 성공 이후 이마트는 "노브랜드를 만들기 위해 글로벌 유통사 몇 곳을 벤치마킹했다"고 공식 발표했다. 그중 하나가 캐나다의 '노네임'이었다. 노네임은 1978년 캐나다의 로블로 사가 만든 유통 브랜드로 합리적인 가격을 최대 강점으로 내세우고 있다. 패키지 또한 노란색으로 노브랜드와 유사하다. 노브랜드 TF팀은 국내는 물론 해외로까지 출장을 다녀야 했다. 보고와 결재는 즉각 이뤄졌고 계약과 주문도 속전속결로 했다. 가속도가 붙었다. 노브랜드의 대표 상품인 감자칩을 개발할 때는 기획부터 수입을 결정해 주문하는 데 불과 한 달밖에 소요되지 않았다. 유사한 종류의 상품 기획과 개발에 서너 달이 걸리는 것에 비해 굉장히 빠른 속도이다.

TF팀의 빠른 행보는 노브랜드의 빠른 성공으로 이어졌다. 전문가들은 노브랜드의 성공 이유 중 하나가 '남다른 민첩함을 자랑하는 애자일Agile 전략'이라고 진단한다. 애자일 전략은 민첩하고 날렵함을 뜻한다. 최소화된 의사결정으로 제품 기획과 개발을 추진한다. 실패를 두려워하지 않고 빨리 실패하고 개선점을 찾고 다시 시도한다. 전통적인 오프라인 할인매장을 가진 유통 대기업으로서는 쉽지 않은 선택이었기에 그 의미가 컸다.

이마트는 노브랜드가 성공한 뒤에 '이마트 비밀연구소 52주 발명 프로젝트'를 지속적으로 추진하고 있다. 온라인 등 다른 업태와의 경쟁이 갈수록 격화되는 상황에서 '가격 할인'만으로는 더 이상 살아남을 수 없다는 판단에서였다. 이로써 '새로운 생활의 가치'를 지향점으로 삼고 소비자들의 '가치 소비'에 부응하는 활동을 하고 있다. 전통적인 오프라인 기업의 사일로 조직 구조에서 혁신할 수 있었던 좋는 사례라 하겠다.

'현명한 소비를 유도'하는 전략

독일의 '알디Aldi'와 '리들Lidl'은 노브랜드가 벤치마킹한 유통사로 국내에 많이 소개됐다. 온라인에 의한 유통혁명이 계속되는 중에도 유일하게 성장을 거듭하는 글로벌 유통업체이다. 이들의 성공 전략은 '가성비'와 소비자의 선택의 폭을 좁혀주는 '큐레이션' 서비스이다.

알디는 독일의 슈퍼마켓 체인점으로 1962년 문을 연 이래 식료품, 세제, 샴푸, 휴지 등 생필품을 취급하는 중형 슈퍼마켓으로 입

영국 런던의 알디 슈퍼마켓을 찾은 소비자들이 계산대에서 순서를 기다리고 있다.

지를 다져왔다. 그리고 1970년 오일쇼크, 1997년 외환위기, 2008년 글로벌 금융위기 등 수많은 세계 경제위기를 지나면서도 끊임없이 성장했다. 현재는 18개국에서 8,000여 개 매장을 운영하고 있다. 비교적 최근의 경기 둔화와 실업률 상승에도 알디의 승승장구는 계속되고 있다. 미국법인 매출은 최근 5년 동안 두 배로 늘었고 영국에서도 6위 슈퍼마켓으로 성장했다. 2001년 진출한 호주에서도 동부 해안지역 식품유통업 시장의 10%를 장악하며 신흥강자로 떠오르고 있다.

알디는 이 같은 글로벌 유통사로서의 성공이 'PB 상품 확대' '비용절감' '독일식 품질관리' 그리고 소비자 선택의 폭은 줄이는 '큐레이션' 때문이라고 설명한다. 알디는 자체 제작 브랜드인 PB 상품을 주로 판매한다. 품질은 뒤떨어지지 않으면서 값은 다른 매장에 비해 절반 가까이 싸다. 근검절약이 몸에 밴 독일 사람들에게 인기가 높아서 2000년대 유럽 전역으로 영업을 확대했다.

또한 알디는 원래부터 극단적인 비용 관리로 유명하다. 유통 상품 개수를 줄여 유통망을 최소화하는 것은 물론 일회용 쇼핑백은 아예 지급하지 않는다. 2000년 중반까지는 신용카드도 받지 않았다. 전표 값을 아끼려고 2000년대 중반까지 전자단말기를 쓰지 않고 계산원이 바코드를 직접 입력했다. 인건비를 줄이기 위해 24시간 영업도 하지 않았다.

알디는 PB 상품을 독일 중소기업에 독점 생산 위탁하는 방식으로 품질을 관리한다. 납품 계약은 매년 갱신하는 것이 원칙이지만 대부분 10년 이상 장기 계약으로 이어진다. 납품 업체와 신뢰를 쌓고 동반 성장한다. 그럼에도 알디는 '선택과 집중'으로 새는 구멍을 막고 가격 경쟁력을 높인다. 전통적 유통기업인 월마트나 테스코는 소비자에게 다양한 선택권을 주는 데 주력했다. 예산이 적은 소비자는 일반 매장에서 물건을 사고 예산이 넉넉한 소비자는 돈을 좀 더 내더라도 입맛에 맞는 프리미엄 상품을 고를 수 있게 선택의 폭을 넓혀준다.

알디의 전략은 정반대다. 알디는 매장당 1,500개의 상품만 진열한다. 이 가운데 94%를 PB 상품으로 구성했다. 더불어 매주 제시하는 핫딜 상품은 가격을 파격적으로 낮춘다. 초여름에는 선풍기, 휴가철에는 바캉스 용품, 연초 개학 시기에는 학용품과 책가방을 낸다. 이런 제품을 파는 날에는 개장 전부터 사람들이 장사진을 이룬다.

요즘 독일에서 알디는 합리적인 소비의 대명사로 불린다. 불과 20년 전만 해도 유럽에서는 알디에서 쇼핑하는 것을 부끄러워했다. 알디에서 쇼핑을 마치고 나가서는 알디 로고가 찍힌 쇼핑백은 감추는 고객이 비일비재했다. 하지만 요즘 독일에서의 풍경은 다르다. 독일 사람들은 '알디한다'를 '합리적인 소비를 한다'는 뜻으로 사용한다.

다음으로 알디와 양대 산맥을 이루는 리들을 살펴보자. 리들의 주요 품목은 식품과 잡화이다. 식품과 잡화는 이익이 박하기로 유명한 비즈니스이다. 최근 3년 동안 약 20개의 미국 잡화 기업이 파산을 신청했다. 그런데 리들은 34억 달러(약 3조 9,000억 원)를 투자해 미국에 900개의 매장을 내겠다고 선전 포고를 했다. 리들은 가격 할인이 심한 산업에서 경쟁 매장보다 더 싼 가격을 제시한다. '자체 브랜드를 가진 작은 상점'이기에 가능한 일이다. 리들의 첫 미국 매장의 크기는 약 600평(2,000제곱미터)으로 홀푸드나 여타 할인점보다는 작다. 통로는 6개밖에 없다. 선반에 있는 상품의 90%는 자체 브랜드 상품으로 채워져 있다. 또한 리들은 공정의 전 단계에서 낭비 요소를 줄임으로써 가격을 낮춘다. 종이 없는 사무실과 자연 채광으로 낭비를 줄이고 물건들이 실려온 판지 박스 상태 그대로 진열해 인건비와 유지비를 줄인다.

알디와 리들은 '선택의 역설'을 피하기 위해 선택의 폭을 좁히고 대신 가성비 높은 제품을 제공해 성공한 대표적인 사례가 되고 있다. 전세계적으로 성공하는 유통사들도 이들을 닮아가고 있다. 매장은 복잡하지 않고 심플하고 작게 유지하며 비효율을 없애고 PB 상품은 극대화한다. 요약하면 '현명한 소비'를 유도하는 전략을 펼친다.

3
콘텐츠보다 콘텍스트에 집중하라

'취향저격' 고객 경험 전략

오프라인과 온라인의 경계가 무너졌다. 이를 온라인의 공습으로 해석할 수도 있다. 하지만 오프라인은 강점이 아예 없는 것이 아니다. '차별화된 고객 경험'은 오프라인의 가장 큰 장점이다. 실제 고객 경험을 혁신하며 재미와 의미를 극대화한 오프라인 기업의 성적표는 그리 나쁘지 않다.

옆나라 일본의 사정을 살펴보자. 일본의 유통시장은 우리나라와 크게 다르지 않다. 통계 전문 사이트 스타티스타에 따르면 일본 전자상거래 시장은 2017년 9.1%의 성장률을 보였고 2018년에는 약 145조 원을 기록했다. 2019년에는 약 159조 원으로 커질 전망이다. 특히 3대 플랫폼인 아마존 재팬, 라쿠텐, 야후 쇼핑은 전자상거래 시장의 절반을 차지하며 공룡기업으로 자리매김하고 있다. 시장 지배력도 대단하다.

이온몰

우리나라의 흔한 마트와 같은 '이온몰'의 약진은 두드러진다. 한국인 관광객에게도 이온몰은 일본 관광에서 꼭 들러야 할 숍으로 소문이 나 있다.

아마존 재팬은 2019년 기준 최근 5년간 연평균 17.2%의 매출 증가율을 기록했다. 매출 규모도 약 10조 원을 넘겨 사상 최대 실적을 달성했다. 이미 일본 소비자의 일상생활 깊숙이 침투해 있다. 우리나라와 달리 일본은 온라인에서 세탁기, 냉장고, 전자레인지 등 가전제품 판매도 활발하다. 아마존 재팬에서 이러한 품목을 구매하는 소비자가 늘고 있다.

이에 기존 유통시장은 아마존 재팬을 포함한 3대 플랫폼을 경계하며 혁신의 길을 가고 있다. 우리나라의 흔한 마트와 같은 '이온몰Aeon Mall'의 약진은 두드러진다. 한국인 관광객에게도 이온몰은 일본 관광에서 꼭 들러야 할 곳으로 소문이 나 있다. '식품일 경우 가장 신선하다.' '음료는 가장 저렴하다.' '텍스 리펀(세금 환급)을 빠르게 할 수 있다.' '캐리어 보관이 가능하다(2시간).' '전체상품 5% 할인쿠폰을 사용하면 가장 저렴하다.' '드럭스토어에 있는 것들이 다 있다.'는 평가를 받고 있다.

이온몰은 타깃층에게 이색 경험을 제공하는 곳으로도 유명세를 타고 있다. 실제 일본 서남부의 니시카사이에 있는 이온몰은 실버층을 대상으로 한 다양한 프로그램을 제공한다. 명품 의류 대신 지팡이 매장이 있고 병원, 체육관, 여행사, 문화센터 등 맞춤 시설이 특징이다. 게다가 죽음을 준비하는 문화센터의 강좌도 있다.

이온몰 니시카사이점은 주변 2킬로미터 반경에 거주하는 3만 5,000명 중 65~74세 시니어층 비율은 44%이다. 지역의 고령화 인구를 타깃으로 한 니시카사이점의 고객 경험 설계는 큰 호응을 얻고 있다. 이온몰은 땅값이 싼 근교에 대규모 쇼핑몰 및 복합 시설을 짓는 대신 도시에 있던 쇼핑몰을 혁신해 특화된 고객 경험을 제공하고 있다. 모든 소비자를 만족시키려던 기존 몰의 관행에서 벗어나 '핵심 고객'에 집중하는 전략으로 오프라인 매장을 혁신하고 있다.

2015년 기준 리뉴얼을 거쳐 특화된 이온몰은 니시카사이점을 포함해 도쿄, 나고야, 오사카 등 13개 매장이다. 2025년까지 시니어 특화 쇼핑몰을 100개로 늘릴 예정이다. 대부분의 오프라인 유통매장들이 고전하고 있는 가운데 시니어 특화 전략을 선택한 이온몰의 상황은 다르다. 2017년 매출이 전년 대비 11% 증가했다.

일본의 돈키호테 VS 한국의 돈키호테

취향저격은 이온몰만의 전략은 아니다. 국내에도 타깃 집중 큐레이션을 시도한 매장이 있다. 한국의 대형 유통사가 파격적으로 시도한 한국의 돈키호테 'P' 매장이다. 2018년 6월 스타필드 코엑스몰에 지하 1~2층 총 2,513제곱미터(760평) 규모의 매장 1호점을 오픈했다. 펀앤크레이지를 콘셉트로 재미있는 상품과 미친 가격을 표방하는 만물상 개념의 할인 매장이라고 소개했다.

B급 감성의 재미와 스토리 부여를 위해 4개의 마스코트를 만들었다. 취업준비생, 래퍼 지망생, 반려 고슴도치, 그리고 신원 미상인이다. 'P' 매장 곳곳에는 이들을 이용한 안내 표지판과 홍보영상을 찾을 수 있다. 매장 구성은 깔끔함보다는 복잡함을 구현해 곳곳을 탐험하는 기분이 들도록 했다. 안내지도도 보물지도 콘셉트이다. 직원들이 입고 있는 스태프 전용 티셔츠 뒤에는 깨알같이 '저도 그게 어딨는지 모릅니다'라는 문구가 적혀 있다. 기성세대에게 이곳은 매우 낯설고 저급해 보이기도 한다. 대기업에서 이런 콘셉트를 공유했다는 것이 믿기지 않을 정도이다. 대형 유통사 관계자는 일본의 돈키호테를 벤치마킹해 열게 됐다고 설명한다.

일본에는 '어차피 돈키호테'라는 말이 있다. 유통 천국 일본에서 백화점과 편의점 등 여기저기 헤매고 다녀봐야 어차피 가장 싼 물건과 다양한 제품은 돈키호테에 다 모여 있다는 얘기다. 돈키호테는 일본의 유통업계에서도 돌연변이에 속한다. 돈키호테는 경기불황 속에도 29년간 한 번도 성장을 멈춘 적이 없다. 온라인의 공격에도 오프라인 매장만으로 꿋꿋하게 살아남았다. 1989년 1호점을 낸 이후 400여 개 매장을 오픈했다. 2017년 매출은 8,288억 엔(8조 5,155억 560만 원), 영업이익은 455억 엔(4,674억 8,975만 원)을

일본 돈키호테 매출

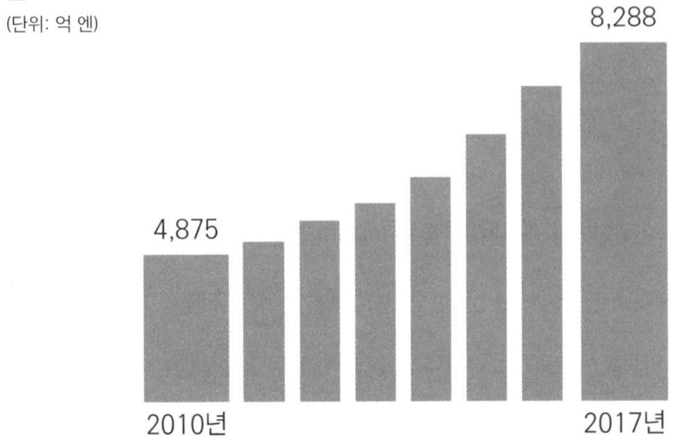

돈키호테

기록했다. 2020년 매출 1조 엔 돌파를 목표로 삼고 있다. 돈키호테의 성공 배경에는 도매에서 버려질 물건을 사와 파격적으로 싸게 내놓는 영업 전략이 숨어 있다. 압도적으로 많은 상품 종류와 매대가 엉망인 것처럼 널브러진 '정글 디스플레이' '심야영업' 등 특이한 운영 형태는 돈키호테만의 특별한 경험으로 비친다.

돈키호테의 성공 비결은 'CVD+A'로 요약된다. 다양한 상품 군과 심야 영업을 통한 고객 편의성 확보ConVenience, 가성비 극대화Discount, 그리고 쇼핑의 오락화Amusement이다. 돈키호테를 벤치마킹한 'P' 매장을 통해 돈키호테와 같이 오프라인에서의 성공과 안정적 성장을 기대하고 있다. 그러나 아직까지 한국에서의 가야 할 길은 멀어 보인다. 일본의 돈키호테와 한국의 'P' 매장을 비교해볼 때 아쉬운 점이 한두 군데가 아니다. 'P' 매장은 상품 구성부터 매장 동선까지 돈키호테의 비즈니스 모델을 차용했지만 대중의 반응은 엇갈린다.

일단 돈키호테와 'P' 매장 모두 가본 한국의 소비자들은 "돈키호테에서는 참을 만했는데 'P' 매장에서는 많이 불편했다"는 평가를 남겼다. 돈키호테의 성공비결 중 첫 번째가 차별화였는데 'P' 매장은 그것이 장점이 되지 못했다. 돈키호테는 99제곱미터가 조금 넘는 작은 규모의 '소라 돈키호텔'부터 9,900제곱미터 정도인 '메가 돈키호테'까지 매장 규모가 다양하다. 매장별로 상품진열 방식과 레이아웃 등도 다르다. 관광객이 많은 롯폰기 매장에는 외국인 전용상품, 신주쿠 매장에는 독특하고 신기한 상품, 대학생 등 젊은이가 많이 모이는 아키하바라에는 도시락과 저가 생필품, 노년층이 몰리는 오키나와에는 시니어를 위한 넓은 공간과 특화 상품을 구비해놓는다. 돈키호테 창업주인 야스다 다카오는 창업 초기부터 "완벽하게 정돈된 매장에는 쇼핑의 즐거움이 없다. '간부라(긴자 거리를 할일 없이 서성이는 행위)'처럼 '돈부라(돈키호테 매장을 돌아다니는 것)하게 하라'를 경영 원칙으로 삼았다. 직원들에게 권한을 모두 위임해 점장부터 갓 입사한 아르바이트생에게도 매대 하나를 통째로 맡기는 전략을 썼다. 전체 물건의 60%는 본사가 발주하지만 40%는 해당 매장의 직원들이 자율로 결정했다. 직원들은 책임감과 소속감을 갖고 차별화된 매장 상품 구성을 시연했다. 'P' 매장에는 이러한 전략적 접근이 조금 더 필요해 보인다.

고객 편의성 측면에서도 아쉬운 부분이 있다. 돈키호테는 보통 로드숍 상권에서 건물을 통째로 쓰는 '독립쇼핑몰'로 출점했다. 소비자가 길을 가다가 언제든 바로 매장에 들어올 수 있다. 반면 'P' 매장은 1호점과 2호점 모두 스타필드 코엑스점과 동대문 두타에 입점했다. 독립쇼핑몰이 아닌, 입점매장이다. 영업시간과 취급 품목 측면에서 상당한 제약 요인이 생긴다. 일례로 코엑스점은 스타필드가 밤 10시까지만 영업하는 탓에 심야영업이 불가능하다.

돈키호테에서는 매출이 가장 높은 시간대가 저녁 8시부터 밤 12시(자정)인데 외국인 고객의 40%가량이 몰린다. 'P' 매장 두타점 역시 외국인 관광객 비중이 30%로 높다. 하지만 국내 대표 외국인 관광지인 동대문에 위치했음을 감안하면 저조한 성적표라는 평가다. 고객의 쇼핑에 편의를 제공하는 영업시간을 확보해야 한다. 돈키호테의 경우 유명 관광지에 위치한 매장은 외국인 고객 비중이 50~60%가 넘는다. 관광지가 아닌 일반 상권의 매장을 포함해도 평균 외국인 고객 비중이 10%를 넘는다. 돈키호테 전체 매출 중 외국인이 '면세'를 신청한 매출 비중은 10%를 돌파했다. 외국인은 내국인보다 씀씀이가 훨씬 크다는 점에서 매우 중요한 고객이다. 이들을 타깃으로 한 전략이 필요하다. 취급 품목의 다양성도 아쉽다. 돈키호테의 상품 가짓수는 보통 4만~6만 개, 대형 매장은 최대 10만여 개에 달한다. 100엔 숍이나 드럭스토어보다 2~5배 더 많다. 전자, 생필품, 식음료, 패션, 스포츠 용품 등 거의 모든 제품을 판다. 돈키호테가 '세상에서 가장 싸고 재밌고 상품이 다양한 매장'을 표방하는 배경도 여기에 있다.

반면 'P' 매장은 식별 관리 코드SKU, Stock keeping unit가 4만여 개뿐이다. 품목을 더 늘리기 힘든 이유는 공간의 한계와 임대매장이라는 특성 때문이다. 대형 독립쇼핑몰이 아닌, 중형 임차매장 형태로 출점하다 보니 상품 진열 공간에 한계가 있다. 또한 임대매장의 다른 매점과도 겹치지 않도록 조정해야 한다. 가령 동대문 두타점은 다른 층에 입점해 있는 노브랜드를 감안해 식품 코너를 확 줄였다. 돈키호테 매출에서 식품이 차지한 비중이 점포에 따라 적게는 30%에서 많게는 55%에 달했음을 감안하면 출혈이 상당할 수밖에 없다. 한 경영학과 교수는 "돈키호테는 일본 소비자 사이에서 '저녁 식사 후 마실 나가듯 가볍게 둘러보는 일상적인 쇼핑 공간으로 자리매김했다. 이런 내국인들의 반복 구매에 식품 카테고리는 큰 비중을 차지한다. 돈키호테에서 식품 코너가 1층에 위치한 이유도 이와 무관치 않다. 관광지 중심으로 출점하고 식품 카테고리도 확 줄인 것은 일상적 반복 구매를 기대하기 어려울 것 같다"고 우려했다. 또 다른 약점은 가격 경쟁력이다. 가격 경쟁력을 갖추려면 매장 확대가 필수인데 추가 출점은커녕 매장 공간 확대도 쉽지 않다. 돈키호테는 일본 전역에 총 400여 개 매장을 운영 중인데 아직 'P' 매장은 2019년 5월 기준 7개뿐이다. '최저가'를 강조하는 저가숍 모델 특성상 구매력 강화를 위해 규모의 경제가 필요하다.

돈키호테의 성공 비결 'CVD+A'에서 쇼핑의 오락화를 가장 많이 벤치마킹하고 발전시켰으나 고객 편의성과 가성비 극대화에는 아직 미진한 상태이다. 이를 보완하여 국내 소비자 타깃으로 차별화한다면 새로운 오프라인의 체험 공간으로 성공할 수 있을 것이라 조심스럽게 기대해본다.

콘텐츠의 시대는 갔고 콘텍스트에 집중하라

오프라인 유통매장의 혁신은 '큐레이션'을 중심으로 나타나고 있다. 전통적인 오프라인 기업에게는 '무엇을 큐레이션할 것인가?'의 문제가 남아 있다. 과거 기업들은 콘텐츠를 중심으로 했다. 명확한 타깃 고객의 생활양식에 필요한 콘텐츠를 제안했다. 하지만 이제 콘텐츠Contents의 시대는 갔다. 콘텍스트context 개념이 필요하다. 콘텍스트는 주변 상황, 맥락, 환경, 의도를 의미한다. 고객 타깃의 콘텍스트를 수집하고 이해하고 그에 맞게 대응하는 형태의 고객 경험을 설계해야 한다.

"콘텐츠가 물Water이라면 콘텍스트는 물을 제외한 모든 것"이라고 했다. 누군가가 컵에 담긴 물을 마신다면 '해갈'이라는 콘텍스트를 얻을 수 있고 얼음이 담긴 물, 즉 '얼음물'이라고 하면 누군가는 '이가 시리다.'라는 콘텍스트를 생각할 수 있다. 기술면에서 콘텍스트의 접근은 오프라인 기업보다는 온라인 기업에 더 적합하다. 4차 산업혁명의 인공지능, 로봇, 사물인터넷, 빅데이터 등은 콘텍스트를 파악하고 적용하는 데 유용하게 사용될 기술들이다.

이러한 기술을 먼저 습득하고 활용하는 온라인 기업들의 큐레이션이 남다를 수 있는 이유이다. 하지만 오프라인에서도 콘텍스트에 대한 이해를 바탕으로 해법을 찾아가는 노력이 필요하다. 고객들은 현장 경험을 원한다. 고객들은 이제 콘텐츠가 필요해서 오프라인 매장으로 나오지 않는다. 공간이 주는 의미가 상당하다. 일본의 이온몰은 시니어들에게 '상품'을 팔기 전에 주 관심사인 '건강'이라는 콘텍스트를 제공했다. 일본의 돈키호테는 '재미, 고객 편의성, 가성비 극대화'를 콘텍스트로 제공했다.

최근 국내에서는 은행 업무를 포함하는 '복합점포'가 늘고 있다. 은행 영업점에 편의점, 서점, 공연장이 함께 들어가 고객들은 다양한 편의를 위해 은행을 찾는다. 은행들은 인터넷뱅킹과 모바일뱅킹이 활성화되면서 일반 영업점을 방문하는 고객 수가 줄자 공간 활용성과 고객 접근성을 높이기 위해 복합점포를 선택했다. KB국민은행, NH농협은행을 포함한 대다수 은행들이 복합점포를 열고 있다. 현실적으로 은행 방문 고객이 줄고 있지만 여러 이유로 영업점 수를 대폭 줄일 수는 없다. 이종 업종 간 복합점포를 열어 고객에게 다양한 편의를 제공하면 이미지 개선에도 도움이 되고 고객을 끌어당길 영업 기회도 만들어진다. 새로운 콘텍스트 제공의 의의가 크다.

콘텍스트는 온오프라인의 기업 모두에게 떨어진 화두다. 타깃 고객을 분석하고 그에 맞는 콘텍스트를 '정확하게' 제공하면 혁신의 길을 제안할 수 있다. 고객의 발길을 돌릴 수 있다면 오프라인 기업에도 혁신의 기회는 있다.

4
가성비와 가심비로 승부하라

가성비의 시대

오프라인의 대표적인 서비스업 항공사와 호텔 산업은 가히 위기라고 할 수 있는 상황에 놓여 있다. 고객들은 가성비나 가심비를 위한 선택에 주저하지 않는다. 이 같은 흐름은 전통적인 오프라인 서비스업인 항공과 호텔 서비스에도 그대로 드러난다.

20세기부터 '서비스' 하면 항공사 서비스를 떠올렸다. 이유는 서비스업 중 가장 서비스의 가치를 높게 평가 받기 때문이다. 21세기 저가항공사가 등장한 이래 항공사는 치열한 경쟁 속에 있다. 저가항공사LCC, Low Cost Carrier의 등장은 항공사 서비스의 지각변동을 일으켰다. 저가항공사는 불필요한 서비스를 모두 제거했다. 기내식과 지정좌석제 등을 없애고 정시출발, 저가운임, 펀FUN 서비스로 차별화했다. 합리적인 가격으로 누구든 해외여행을 할 수 있게 했다.

첫 저가항공사는 1967년 문을 열었다. 미국 항공업계의 치열한

저가항공사와 대형항공사 차이

저가항공사	대형항공사
제주항공·이스타항공 등 6개	대한항공·아시아나 등 2개
좌석밀도 극대화	좌석 클래스별로 상이
직판 및 온라인 판매	여행사 등 다양한 판매방식
거점 운영	터미널 방식
동일등급 좌석	다양한 등급 좌석
단일기종	다양한 기종
여객운송 비중 높음	여객 및 화물 영업

(출처: 불붙은 저가항공사 경쟁, 머니투데이, 2018. 10. 27)

경쟁 상황에서 사우스웨스트에어라인은 최초의 저가항공사가 되었다. 이후로 40년간 사우스웨스트에어라인은 지속적인 흑자운영을 해오고 있다. 유럽에서는 1985년 라이언에어Ryanair가 저가항공사를 대표한다. 아일랜드 더블린공항에서 출발해 런던 스텐스테드 공항 외 50여 개 출항 노선을 가지고 있다. 아시아에서는 2001년 말레이시아 항공사인 에어아시아가 최초로 저가항공사를 운영했다. 2018년 기준 18개국 174개 노선을 운행 중으로 아시아 최고 규모의 저가항공사로 성장했다.

국내 최초 저가항공사는 한성항공이었다. 2008년 이후 경영난으로 운항을 중단하기도 했지만 2010년 가을에 다시 날개를 폈다. 이후 한성항공은 기업 브랜드와 아이덴티티 제고를 위해 티웨이에어Tway: Travel for Tomorrow로 사명을 변경하고 지속적인 성장세를 이어왔다. 국내에는 티웨이항공을 포함해 6개의 저가항공사가 있다.

일반 소비자들은 흔히 LCC는 저가항공사이고 FSC는 고가 항공사로 생각한다. 그런데 내면을 들여다보면 둘의 차이는 단순한 규모의 차이는 아니다. 단적으로 미국 사우스웨스트는 저가항공사이지만 세계에서 가장 큰 항공사다. 저가항공사와 대형항공사의 차이를 알기 위해선 비즈니스 모델을 살펴봐야 한다.

저가항공사는 기내 서비스를 최소화한다. 지정좌석, 기내식, 위탁수화물 서비스 등은 유료로 책정한다. 항공기 기종과 좌석도 단일화한다. 이런 방식으로 좌석 밀도를 극대화하고 운영 비용을 절감한다. 항공사는 노선 가격 책정 시 이를 국토교통부에 사전 신고해야 한다. 국토부는 저가항공사에 최고 가격 수준을 대형항공사보다 20% 정도 낮춘 금액으로 책정 신고토록 권고하고 있다. 저가항공사의 평균 운임은 시장 구조상 대형항공사보다 10~30% 낮게 책정된다.

저가항공사는 직판·온라인 판매 방식을 주로 쓴다. 거점 운영point-to-point을 통해 각 수요가 필요한 지점끼리 수많은 선으로 연결된다. 대형 공항보다 수요가 많은 공항 위주로 운항한다. 국내에서는 최근 지방의 해외여행 수요가 늘어나자 지방 공항에서 출발하는 편수를 늘리고 있다. 대형항공사는 다양한 서비스가 이미 포함되어 있다. 무료로 수화물, 기내식, 스낵 등을 제공한다. 대한항공과 아시아나항공 2개사가 대표적이다. 좌석은 클래스별로 다르다. 여행사 등 다양한 판매 방식을 추구한다. 터미널 방식hub-and-spoke으로 주요 허브 공항 위주의 운영을 한다. 또한 여객뿐만 아니라 화물 영업도 한다.

설립 초기 어려움을 겪었던 저비용항공사는 자리를 잡고 요즘은

제주항공 매출액 대비 부가매출 추이

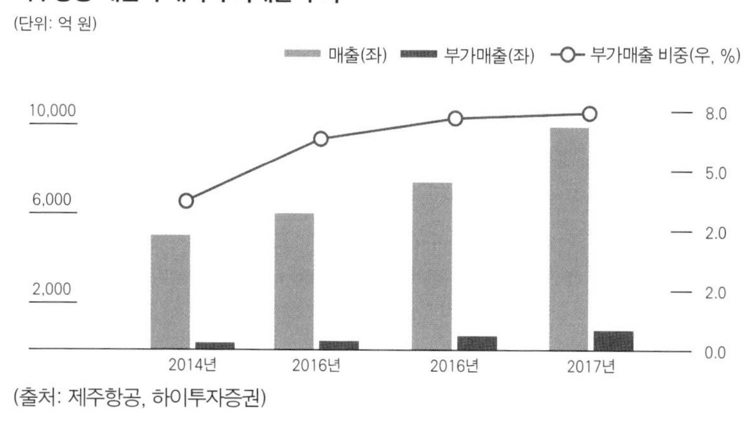

(출처: 제주항공, 하이투자증권)

고공비행 중이다. 2017년 기준 지난 5년간 국내 저가항공사 6개사 합산 연평균 순이익은 1,114억 원으로 2개 대형항공사 합산 연평균 순이익보다 높았다. 같은 기간 대한항공과 아시아나항공은 연평균 1,543억 원의 순손실을 입었다. 그렇다면 왜 저가항공사는 순이익이 높은가? 중국의 사드 보복 악재에도 불구하고 저가항공사가 실적 성장세를 이어간 것은 부가매출 비중이 꾸준히 늘고 있기 때문이다. 부가매출은 고객에게 항공권 판매로 발생하는 매출을 제외하고 초과수하물, 좌석선택 및 옆 좌석 추가구매, 예약 취소·변경 수수료, 에어카페, 기내 판매, 기내식 등으로 발생하는 이익이다.

특히 2017년 저가항공사 중 처음으로 영업이익 1,000억 원 시대를 연 제주항공의 경우 부가매출 비중이 매년 증가세를 보였다. 2011년 1.4% 수준에서 2018년 8%까지 증가했다. 2017년 제주항공의 부가매출에서 발생한 영업이익은 675억 원으로 전체의 3분의 2를 차지했다. 제주항공이 연간 영업이익률은 8%를 상회했다.

저가항공사는 필수 서비스와 부가 서비스를 나눠서 싼 가격에 항공 티켓을 팔았지만 부가 매출을 창출하며 영업 이익은 챙겼다. 오프라인에서 가성비를 공략하는 전략은 여전히 유효해 보인다. 하지만 분명 유념해둬야 할 사항은 있다.

가성비는 고객이 느껴야 하는 것인데 전략적으로 잘못 이해하고 접근하는 경우가 있다. 오프라인에서 가성비가 높은 사업을 전략으로 선택했다면 경제학에서 말하는 '트레이드 오프Trade off'를 고려해야 한다. 어떤 것이 고객에게 혜택이고 가격 대비 좋은 품질로 갈 것인지, 좋은 서비스를 가지고 갈 것인지 결정해야 한다. 그리고 그 결정을 전략으로 삼고 가야 한다. 하지만 고객은 경제학에서 말하는 이콘Econ이 아니기 때문에 트레이드 오프를 잘 받아들이지 않는다. 혜택으로 받은 가격이 저렴하다는 이점보다 포기해야 하는 다른 서비스가 더 크게 느껴질 것이기 때문이다.

예를 들어 기존 국내 항공사는 대한항공 아니면 아시아나 항공 모두 대형항공사였다. 저가항공사가 생기고 '합리적인 가격에 해외여행을 안전하게 다녀올 수 있다.'는 가치만으로는 고객 경험에서 받았던 장점 중 버려야 할 것이 너무 많다고 느껴질 수 있다. 이것이 바로 행동경제학에서 말하는 '손실회피 성향'이다. 내가 얻은 혜택보다 손실을 더 크게 느끼기 때문에 아무리 반값 항공권을 구입한 것이라고 해도 공항에서 탑승동까지 가야 하는 거리부터 시작해서 밤 출발, 수하물 무게 제한, 좌석 간격 좁음, 기내식 미포함 등 손해보는 느낌이 더 강하다는 뜻이다. 최근 검색 포탈에서 저가항공사에 대한 이용 경험을 찾아보면 온갖 포기해야 하는 저가항공사 서비스에 대한 불편함을 호소하는 글들을 쉽게 만날 수 있다. 가성비 전략을 선택했다면 고객은 이콘이 아니라 '휴먼'이라는 점을 명심해 저렴한 가격 대비 고객 경험에서 무엇을 줄 것인가가 명확해야만 할 것이다.

전통 서비스업인 호텔에도 폭풍이 몰아치고 있다

호텔은 '서비스'로 대표되는 업종이다. 전통적인 서비스 업종인 호텔업에도 폭풍이 몰아치고 있다. 2015년 미국 호텔기업 '메리어트 인터내셔널'이 쉐라톤호텔의 모기업 스타우드 호텔앤리조트 월드와이드를 인수했다. 인수 금액이 122억 달러(14조 3,000억 원)에 달한다고 미국 경제지 『월스트리트저널』이 밝혔다. 이로써 메리어트그룹 18개, 스타우드그룹 11개의 브랜드가 있어 총 29개의 브랜드를 보유한 거대한 호텔그룹이 만들어졌다. 아르네 소렌슨 메리어트 최고경영자는 합병을 통해 '경쟁력 강화'와 '다양한 호텔 서비스 제공'이라는 두 마리 토끼를 잡게 됐다고 소감을 밝혔다.

사람들은 여전히 세계 각지 총 5,500곳의 호텔에 110만 개 이상의 객실을 운영하는 최대의 호텔 숙박 체인의 횡보에 많은 관심을 보이고 있다. 2018년 메리어트 인터내셔널의 목표는 '통합Integration'이었다. 아직 스타우드그룹의 호텔 예약과 분리되어 있어 모든 시스템을 통합한 고객관리 플랫폼이 개발되어야 하기 때문이다. 메리어트 인터내셔널은 모든 예약 시스템과 모바일 시스템 개발이 완료되면 2020년까지 아시아 시장에서 1,000개 호텔을 늘릴 계획

메리어트와 스타우드 호텔의 브랜드 비교

메리어트		스타우드
• 레지던스 인	• 델타 호텔	• 엘레멘트
• 타운플레이스 스위트	• 메리어트 호텔	• 알로프트
• AC호텔 AC 막시 호텔	• 에디션	• 포포인츠
• 프로테아 호텔	• 불가리	• 디자인 호텔
• 코트야드 호텔	• 리츠칼튼 리저브	• 웨스틴 호텔
• 스프링힐 스위트	• 페어필드 인 앤 스위트	• 르 메르디앙
• 게이로드 호텔	• JW 메리어트	• 쉐라톤
• 르네상스 호텔	• 리츠칼튼	• W 호텔
• 오토그래프 컬렉션	• 메리어트 베케이션 클럽	• 럭셔리 컬렉션
	• 메리어트 이그제큐티브 아파트먼트	• 세인트 레지스
		• 트리뷰트 포트폴리오

(출처: '메리어트 스타우드 인수합병', 월간 호텔앤레스토랑, 2016. 12. 30)

이다.

메리어트 인터내셔널은 국내 진출도 공격적으로 추진 중이다. 2017년 서울 명동을 시작으로 국내 시장 공략을 하고 있다. 메리어트 인터내셔널은 강남 등 여러 지역에 비즈니스 호텔을 오픈하고 서울과 수도권 외에도 관광객들이 많이 방문하는 제주 등 다른 지역에도 조만간 진출한다는 방침을 밝혔다. 2018년 기준 메리어트 인터내셔널은 국내에 JW 메리어트, 리츠칼튼, 코트야드, 메리어트 이그제큐티브 아파트먼트, 웨스틴, 쉐라톤, 알로프트, 포포인츠바이쉐라톤 등을 포함해 총 15개의 호텔을 운영하고 있다. 쉐라톤 대구와 포포인츠바이쉐라톤 강남을 오픈할 예정이며 2019년에는 쉐라톤 부산 해운대도 선보일 계획이다. 이처럼 메리어트 인터내셔널이 글로벌 자이언트 호텔 그룹을 탄생시키고 계속 확장해 가는 이유는 간단하다. 무한 경쟁에서 '생존'하기 위해서이다.

국내에서는 외국인 관광객을 겨냥해 우후죽순 들어선 중소 규모의 비즈니스 호텔이 많다. 한국관광호텔업협회에 따르면 2017년 말 기준 전국에서 1,617개 업체가 14만 3,416개의 객실을 운영하고 있다. 2016년 대비 업체 수는 6.1%, 객실은 12.3% 증가한 수치다. 2011년만 해도 전국 호텔 업체는 711개에 불과했다. 불과 몇 년 사이 호텔이 2배 이상 늘어났다. 2012년 7월 정부의 '관광숙박시설 확충을 위한 특별법' 시행으로 관련 규제가 완화되면서 평균 3% 수준이던 객실 증가율이 이후 몇 년간 평균 10% 이상을 기록했다. 하지만 현재에 이르러 호텔업은 공실로 골머리를 앓고 있다. 서울에서만 평균 공실률이 40~50%에 이른다. 거기에 에어비앤비 등 대체 서비스 시장 발달로 문을 닫는 호텔이 급증하리라는 예측이 더해지면서 호텔업계의 분위기는 매우 어둡다.

그러나 글로벌 호텔 그룹인 메리어트 인터내셔널의 '선택'은 브랜드에 따라 럭셔리 호텔의 차별화 전략부터 세컨드 브랜드의 가심비 전략 모두 추구하며 다양한 타깃을 확보하겠다는 방향인 것이다.

이젠 '세컨드 브랜드'로 가심비에서 승부를 걸고 있다

서비스를 대표하는 업종인 호텔 산업은 이전에는 고급화된 차별화 전략으로 고객에게 최고의 서비스를 제공하는 것을 실천했다. 급변하는 시대에 호텔이지만 고급화보다 가심비의 극대화를 노리는 곳도 많아졌다. 이 둘의 전략적 차이와 진화된 숙박 서비스 경쟁에서 살아남기 위한 방향을 살펴보자.

기존 호텔들이 선택한 고급화 전략은 차별화 전략이기도 하다. 탄탄한 로열티 프로그램으로 기존 고객들의 충성도를 높인다. 앞서 언급한 메리어트 인터내셔널 역시 이러한 고급화 전략으로 2,500만 명의 고객을 확보하고 있다고 자신한다. 이밖에 고급화의 격전장에 진출한 호텔은 하나둘이 아니다. 서울 강남의 하얏트 계열 최고급 부띠끄(라이프스타일) 호텔인 '안다즈'가 들어선다. 안다즈는 최고급 호텔 파크하얏트와 동급으로 안다즈가 상하이와 도쿄 등에 이어 강남에 오픈하면서 서울은 럭셔리 호텔들의 격전장이 될 전망이다. 글로벌 호텔의 국내 진출로 경쟁이 치열해지면서 특급호텔의 경쟁도 치열해지고 있다. 이들 호텔은 스위트 객실 비율을 높이고 고풍스럽고 독특한 인테리어와 미식 레스토랑 등에 공을 들인다.

다음으로 최근 호텔들이 선택한 가심비 전략을 살펴보자. 가심비란 가성비價性比에 마음 심心을 더한 것으로 가성비는 물론이고 심리적인 만족감까지 중시하는 소비 형태를 일컫는다. 가성비의 경우 가격이 싼 것을 고르는 경우가 많지만 가심비의 경우 조금 비싸더라도 자신을 위해 기꺼이 투자할 만한 가치가 있으면 구매하는 것을 말한다. 즉 가성비는 가격 대비 효능이고 가심비는 효능 대비 가격이다. 그렇기 때문에 비즈니스 호텔이나 세컨드 호텔의 경우 효능이 뛰어난데 합리적인 가격을 제시하는 호텔들이 고객에게 선택받고 있다. 예를 들면 비즈니스 고객 타깃에게 편리한 서비스를 제공하고 넓은 룸 공간, 휘트니스, 간단한 조식 등을 제공하는데 기존 호텔보다 합리적인 가격이면 기꺼이 소비하는 성향을 말하는 것이다. 이 가심비 전략은 서울대 소비자트렌드 분석 센터가 전망한 '2018년 소비 트렌드' 중 하나이다.

가심비 전략에서 빼놓을 수 없는 것이 '세컨드 브랜드 비즈니스 호텔'의 등장이다. 국내 토종 호텔 브랜드들은 브랜드를 세분화해 '비즈니스 호텔'이라는 영역을 만들었다. 특급호텔의 고급 이미지에 실용적인 서비스를 담아 가격을 낮춘 보급형 호텔 브랜드의 출시가 이어졌다. 신라스테이, 롯데시티호텔 등 국내 업계가 앞다투어 세컨 브랜드 비즈니스 호텔을 내놓았다. 대개 수영장과 룸서비스를 없애 부대시설과 인건비 투자를 최소화해서 가격을 낮추면서도 객실과 필수 서비스의 질을 일정 수준 이상 유지해 객실 특화형 호텔이라 할 수 있다. 하지만 여기서 끝이라면 '가성비'만 충족한다고 할 수 있다. 음료수 자판기, 동전 세탁기, 무료 컴퓨터 등은 특급호텔에는 없지만 비즈니스 호텔에 특화된 편리한 서비스도 있다.

특급호텔에 있는 세탁 서비스, 미니바, 비즈니스 센터를 없애는 대신에 이런 무인 시설들이 고객 서비스를 대체하고 있다. 특급호텔이라면 당연히 떠올릴 만한 룸서비스도 신라스테이, 롯데시티호텔, 포 포인츠 바이 쉐라톤 등에는 존재하지 않는다. 하지만 이런 고객들에게 로열티가 있는지는 의문이다. 지속적인 고객창출을 고민 중인 토종 비즈니스 호텔은 다양한 서비스를 추진 중에 있다. 유아동반 가족고객을 위한 맥스룸 서비스, 직장인 고객을 위한 가심비 저녁 뷔페 서비스, 도심 속 호캉스 패키지 등을 선보이고 있다.

호텔 산업의 가심비 시장을 처음 발견한 것은 프랑스 아코르 계열의 앰배서더 호텔 그룹이었다. 서울 대치동에 2003년 그랜드 앰

롯데시티호텔(위)와 신라스테이 동탄(아래) 신라스테이 동탄은 '브런치의 성지'라고 입소문이 날 정도로 비즈니스 고객 이외에 주부를 타깃으로 한 부가서비스로 매출을 올리고 있다.

배서더 특급호텔의 세컨 브랜드로 '이비스 앰배서더 서울 강남'을 열면서 처음으로 비즈니스 호텔 개념을 국내에 도입했다. 그랜드 앰배서더는 한국 경제가 성장하고 세계화되어 출장과 관광 수요가 커지고 있었지만 도심 숙박시설이 특급호텔과 모텔로 양극화돼 중간 등급의 합리적 숙박시설이 없다는 점을 눈여겨보았다. 이후 성공을 기반으로 배낭여행객을 겨냥해 더 값을 낮춘 '이비스 버젯 앰배서더'를 부산 해운대와 서울 동대문에도 열고 세컨드 브랜드 호텔을 발 빠르게 진화시켰다.

이후 경쟁사인 국내 토종 특급호텔들도 추격전에 나섰다. 호텔롯데는 2007년에 전담반을 구성해 기존 비즈니스 호텔들을 연구하며 롯데시티호텔의 출범을 준비했다. 그리고 2009년 서울 공덕동에 '롯데시티호텔 마포'가 문을 열었다. 호텔신라는 삼성전자 등 기업 수요를 고려해 2013년 경기 동탄 신도시에 '신라스테이 동탄'을 열었다. 신라스테이 동탄은 '브런치의 성지'라고 입소문이 날 정도로 비즈니스 고객 이외에 주부를 타깃으로 한 부가서비스로 매출을 올리고 있다. 덕분에 2017년 중국인 관광객이 오지 않은 시기에도 신라스테이 객실 예약률은 80% 이상을 자랑했다. 2016년까지만 해도 당기순손실이 29억 원이었으나 2017년 20억 원 흑자로 전환했다. 국내 주요 비즈니스 호텔 중 유일하게 흑자를 기록하면서 해외 진출까지 자신감을 내비치고 있다. 이미 롯데호텔은 2010년 모스크바를 시작으로 일본 니키타, 러시아 사마라, 중국 옌타이 등에 호텔 사업을 확장하고 있다. 신라호텔은 '신라스테이' 브랜드로 베트남에 진출해 있다.

전통적인 호텔업은 부동산 가격과 높은 인건비 비중 탓에 고비용 저효율 사업이었다. 하지만 위탁경영 시스템을 도입해 저비용 고효율 사업으로 변화시키고 있다. 고수익을 낳는 면세점 사업도 호텔업의 주요 수입원이 된다. 사드 사태가 있던 2017년에도 호텔신라는 매출 4조 115억 원에 영업이익 731억 원으로 사상 최대치의 매출을 기록했다. 2017년 호텔 신라의 영업이익률은

1.8%를 저점으로 매년 조금씩 개선되어 2021년 4.5%까지 상승할 것으로 전망되고 있다. 롯데호텔 역시 신라호텔처럼 면세사업을 하면서 대형 쇼핑몰, 리조트, 골프장 사업도 하고 있다. 신라호텔과 마찬가지로 면세사업의 비중이 83.59%로 가장 높다.

오프라인 서비스 산업의 가장 대표적인 호텔사업에서는 해외진출 전략과 세컨드 브랜드 구축 및 가심비 전략을 통해 소비자들에게 선택의 폭을 넓히고 있다. 치열한 경쟁 속에서도 최적화된 가심비와 높은 품질의 호텔 서비스를 선보여 고객들의 호응을 얻어냈다.

하지만 호텔 산업에서 떠오르는 플랫폼 기업이 추격하고 있다. 호텔을 한 개도 가지고 있지 않음에도 숙박 서비스를 제공하는 에어비앤비는 2008년 창업한 이래 글로벌 숙박 중개 플랫폼 기업이 되었다. 창업 11년 만에 기업가치 300억 달러(약 35조 원)의 몸값을 자랑한다. 이는 2016년 기준으로 세계 1등 호텔인 힐튼호텔의 기업가치 276억 달러보다 앞선 수치이다. 유니콘을 넘어 데카콘 Decacorn*인 '에어비앤비'는 글로벌 시장에서 승승장구하며 올해 미국 나스닥 상장에도 성공했다.

장기적으로 온라인 숙박 플랫폼은 승자독식으로 성장할 가능성이 높다. 개별 호텔은 호텔 플랫폼을 구축하기 어렵다. 호텔 자체가 아니라 한 단위 위의 '숙박'과 관련된 모든 이용고객의 데이터가 플랫폼 기업에게는 있다. 데이터를 분석해 고객 욕구를 분석할 수 있고 욕구를 찾아냈다면 플랫폼에 필요한 서비스를 개발할 수

* 기업가치 100억 달러 이상 벤처기업

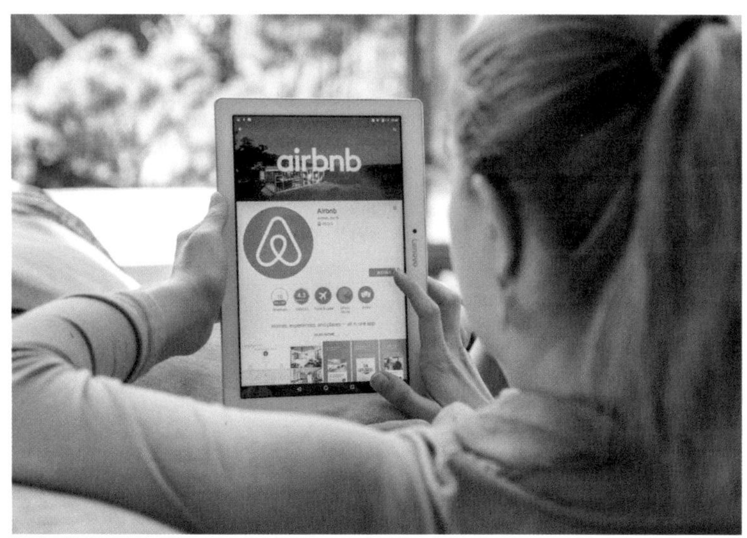

장기적으로 온라인 숙박 플랫폼은 승자독식으로 성장할 가능성이 높다.

있다. 데이터의 힘은 플랫폼의 기업가치 상승으로 증명된다. 이에 대응하기 위해 국내 토종 호텔 산업도 호텔의 경계를 넘어 '숙박'이라는 고객 관점에서의 콘텍스트를 구축하는 전략을 구사해야 한다. 최고급을 지향하는 특급 호텔의 차별화 전략을 선택할 것인가, 가심비 전략을 선택할 것인가 기로에 서 있다. 오프라인만의 강점과 온라인에서의 장점을 조합하는 융복합 전략도 고민해보아야 한다.

5
공간의 경험을 제공하라

고객은 모바일로 쇼핑한다

2018년 온라인 쇼핑몰의 매출이 100조 원을 넘어섰다. 오프라인 롯데마트의 전체 매장(약 120개)의 연간 매출이 10조 원이므로 그 10배에 해당하는 매출이 온라인 쇼핑몰에서 일어나고 있다고 봐도 무방하다. 오프라인과 온라인 채널별 판매액의 데이터를 보면 이미 오프라인 비율은 확실히 줄고 있다. 2017년 오프라인의 판매액은 80% 초반이었다. 2018년에는 76%로 떨어졌다. 반대로 온라인, 모바일 쇼핑이 가파르게 성장하고 있다.

온라인 쇼핑에서도 두드러진 특징은 '모바일 쇼핑의 비중 증가'이다. 전체 온라인 쇼핑 중 모바일 비중은 67%이다. 오픈서베이에서 '최근 3개월 내 구매 경험'을 조사한 결과 스마트폰을 이용해 쇼핑했다는 응답이 오프라인 매장을 방문했다는 응답보다 다소 많았다. 스마트폰을 이용해 온라인 구매를 한 경험이 있는 소비자가

84.2%, 매장에 가서 구매를 한 경험이 있는 소비자가 81.1%였다. 앞으로도 모바일 쇼핑액은 늘어날 전망이다.

다음으로 꼽을 수 있는 온라인 쇼핑의 특징은 '경계가 사라졌다'는 점이다. 커머스 간의 경계, 즉 이커머스와 커머스의 경계가 사라졌다. 몇 년 전까지만 해도 모바일 쇼핑 시장을 오픈마켓, 소셜커머스, 종합쇼핑몰로 구분했고 채널별 매출액을 비교하기도 했다. 하지만 이제 이 경계는 흐려졌다. 전통적인 오픈마켓인 지마켓과 소셜커머스인 쿠팡의 차이가 사라졌다. 쿠팡은 처음에 소셜커머스로 시작했지만 고객의 혜택 부분이 명확하지 않아 이커머스와 오픈 마켓으로 진화하고 있다. 이제 소비자들도 온라인과 모바일 내 쇼핑몰이 커머스이건, 이커머스이건, 오픈마켓이건 신경 쓰지 않는다.

그렇다면 온라인이 언제쯤 오프라인을 따라잡을 수 있을까? 온오프라인의 비중만 놓고 보자면 아직까지 전체 쇼핑 경험에서는 오프라인 매장의 비중이 확실히 높다. 그러나 점차 오프라인의 매력과 온라인의 강점을 활용하며 채널 구분 없이 소비하는 형태가 정착될 것으로 보인다. 현재로서는 온라인 쇼핑의 비중이 높아지는 일종의 과도기라 할 수 있다.

그럼 소비자들이 온오프라인이라는 각기 다른 채널을 선택하는 이유는 무엇일까? 아직까지는 오프라인과 온라인 채널은 각각의 존재 이유가 명확한 편이다. 오픈서베이에서 조사한 바에 따르면 오프라인 구매의 첫 번째 이유는 '상품을 직접 확인할 수 있어서'이다. 72.7%로 가장 많은 소비자가 답했다. 다음으로는 배송

소비자의 온오프라인 채널 선택 이유

오프라인	
상품을 직접 확인할 수 있어서	72.7%
배송·운반이 빨라서·편리해서	27.0%
편리해서	25.0%
쇼핑 경험이 좋아서	18.7%
상품 구성이 좋아서	8.9%
고객 서비스가 좋아서	8.8%

온라인	
편리해서 (언제 어디서나 구매)	54.5%
가격·가치가 좋아서	51.2%
결제가 편리해서	24.9%
배송이 빨라서·편리해서	23.6%
멤버십 혜택이 좋아서	15.2%
쇼핑 경험이 좋아서	11.6%

(좌) 베이스: 3개월 내 오프라인 채널 구매자, N=811, 복수응답, %, %p
(우) 베이스: 3개월 내 온라인/모바일 채널 구매자, N=943, 복수응답, %, %p

(출처: 2018년 모바일쇼핑 트렌드, 오픈서베이, 2018. 11. 8)

과 운반의 편리성 그리고 쇼핑 경험을 꼽았다. 소비자에게 오프라인 매장은 제품을 확인할 수 있는 곳이다. 가장 기본적인 니즈라 할 수 있다. 이와 달리 온라인 구매의 첫 번째 이유는 '편리해서'이다. 54.5%가 답했다. 가성비와 가심비를 따지는 젊은 세대들이 온라인 구매를 선호하기 때문에 '가격과 가치가 좋아서'가 가장 많은 선택을 받을 것으로 예상했지만 가성비는 두 번째 이유였다. 종합해보면 온라인 구매를 선택하는 소비자는 언제 어디서나 저렴하게 자신이 원하는 물품을 구매할 수 있다는 이유로 온라인이라는 채널을 선택하고 있다.

온라인의 편리성과 가성비를 높이는 데는 '기술의 진보'도 한몫을 하고 있다. 결제 시스템의 진화로 이제 웬만한 모바일 앱에서는 '구매 결정' 한 번의 터치로 구매가 이루어진다. 하루배송, 익일배송도 생활이 됐다. 사전에 확인이 불가능하다는 소비자로서는 부담스러운 부분을 '무료 반품'으로 극복한 곳도 많다. 일례로 '줌마'

모바일 이커머스 플랫폼 기업들은 고객이 불편한 욕구를 찾아내 해결하는 서비스를 개발해 제공하면서 이용고객의 로열티를 높이고 있다.

라는 택배 플랫폼 기업에서는 '홈픽'이라는 환불 고객 대상으로 픽업해주는 서비스가 있다. 당일에 원하는 시간과 장소에서 상품을 픽업해가는 서비스를 개발한 것이다. 줌마는 대한통운을 이용한 택배 서비스지만 픽업 거점은 흔히 보이는 주유소이다. 고객으로부터 환불 상품 픽업 신청을 받으면 국내 정유 양대 산맥인 SK와 GS주유소를 거점으로 물류를 이동시킨다. 온오프라인을 연계해 환불이라는 서비스를 제공하는 플랫폼이 만들어진 것이다.

이처럼 모바일 이커머스 플랫폼 기업들은 고객이 불편한 욕구를 찾아내 해결하는 서비스를 개발해 제공하면서 이용고객의 로열티를 높이고 있다.

오프라인의 모바일 추격이 시작됐다

산업통상자원부가 발표한 2018년 온라인 유통업체 평균 성장률은 15.9%였다. 국내 이커머스 쇼핑몰 중 티몬이 발표한 2018년

이커머스 업계 경쟁 구도

신선 식품 배송	BGF리테일	-SK플래닛 '헬로네이처' 300억 원에 인수
	마켓컬리	-샛별배송
대형 유통기업	롯데 이커머스 사업본부 신설	-3조 원 투자 -2022년까지 온라인 매출 20조 원
	현대백화점+아마존 웹서비스	-무인 슈퍼마켓 -드론 배달
	신세계+어피너티 1조 원 이상 투자	-백화점+이마트 온라인 통합 -2023년 매출 10조 원
기존 이커머스 기업	11번가	-투자금 5,000억 원 유치 -9월 독립법인 출범
	이베이코리아	-회원 전용 서비스에 혜택 집중 -스마일페이, 스마일배송 등
	쿠팡	-투자금 5,000억 원 유치 -올해 매출 3조 원 목표

이커머스 시장 규모

(단위: 조 원)

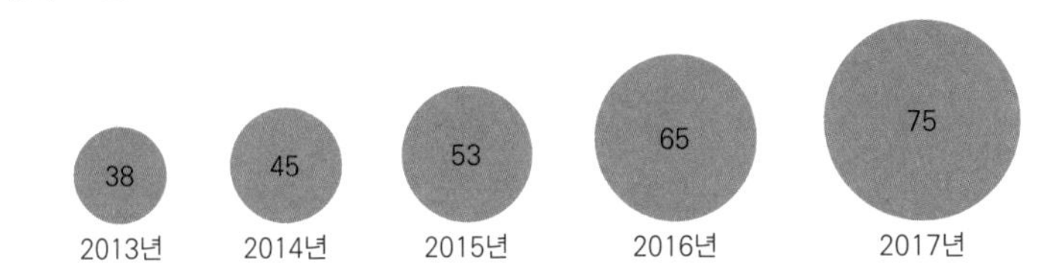

(출처: '오프라인 희망 없다, 살 길은 모바일…', 매일경제 2018. 9. 3)

매출은 4,972억 원으로 전년대비 40% 성장세를 보였다. 온라인 유통업체 평균의 두 배를 웃돈 성과이다. 티몬의 성공에는 다양한 전략이 뒷받침되었다. 큐레이션 쇼핑의 새 모델인 타임커머스의 성장, 직매입 사업의 안착, 충성도 높은 고객들의 증가, 오픈마켓과 미디어 커머스 분야의 확대는 성장을 견인했다.

2018년 티몬은 몬스터딜, 단 하루, 페어 등 매장 개념의 큐레이션을 도입하고 하반기부터 매시간 새 콘텐츠가 등장하는 타임어택 등의 타임커머스 매장을 개발했다. 12개월간 매월 1회 이상 구매하며 월 10만 원 이상 지출하는 고객의 숫자는 2017년 30만 명에서 2018년 40만 명으로 성장했다. 충성도 높은 고객들이 늘어나고 있다는 방증이다. 오픈마켓 부문 역시 진출 1년 만에 등록 상품수가 2,500만 개로 늘어났다.

이에 뒤질세라 기존 오프라인 유통업체에서도 이커머스 사업에 박차를 가하고 있다. 국내 유통 1등 기업은 이커머스 사업본부를 신설하고 그룹 내 8개 유통사 온라인몰을 통합했다. 오프라인과의 시너지를 통해 온라인 시장을 공략한다는 방침이다. 이미 백화점, 마트, 편의점 등을 아우르는 3,800만 명의 멤버십 회원과 온라인 판매상품 배송거점으로 활용할 수 있는 1만 1,000여 개의 오프라인 채널을 확보했다. 그리고 2017년에는 IT 인력 400명을 채용해 주요 유통 계열사와 매장을 아우르는 통합 플랫폼과 물류·배송 시스템 개발에 들어갔다.

또 다른 국내 유통 기업은 2023년 온라인 매출을 현재의 5배 규모인 10조 원까지 끌어올린다는 계획으로 이커머스 애플리케이션을 출범시켰다. 백화점과 마트 간 물리적 결합을 이커머스 앱을 활용해 화학적 결합 상태로 업그레이드한다는 계획이다. 글로벌 사모펀드와 손잡고 1조 원 이상 투자해 온라인 전용 물류센터 건립과 신선식품 시장을 장악할 준비를 갖췄다. 이 밖의 전통적인 유통채널인 홈쇼핑 업체들도 모바일·온라인 쇼핑 채널을 확대하며 시장 확대 기회를 노리고 있다. 오프라인 전문 서비스 기업들이 이커머스 시장에 뛰어들면서 온라인상에서의 경쟁도 날로 증폭될 것으로 보인다.

이러한 경쟁 속에서 오프라인 매장들은 어떤 길을 가게 될 것인가? 많은 수가 도태되는 위험이 있지만 9대 1의 법칙으로 혁신을 거듭한 10%의 기업은 새로운 전성기를 구가할 가능성이 높다. 오프라인 기업도 온라인 채널을 넘어 모바일 채널로 확대되면서 고객별 데이터를 확보하게 될 것이다. 이 데이터가 축적된다면 여기에 고객 타깃에 맞는 차별화된 고객 경험 전략을 적용하여 데이터를 기반으로 한 오프라인 매장을 꿈꿔볼 수 있겠다. '고객 경험 전략'은 IT 세상에서는 결코 제공할 수 없는 오프라인 매장만의 전략이다. 모바일과 이커머스로 대표되는 온라인 세상이 도전해서 성공하기 어려운 영역이기도 하다. 고객 경험 전략은 오프라인 최후의 전략이 될 가능성이 높다.

고객의 욕구는 어떻게 변하고 있는가?

서울대 소비자트렌드 분석 센터에서는 해마다 올해의 트렌드를 발표한다. 2019년 키워드 중에서 독특하다고 생각했던 키워드가 바로 '뉴트로New+Retro'였다. 뉴트로란 '최근new'과 '복고retro'의 합성어다. 옛날 골목에서 LP판을 구입하거나 추억의 전자 오락실을 찾는 사람도 늘어나고 있다. 이런 트렌드로 인해 등장하고 있는 소비자의 특이한 취미는 '자급자족'으로 나타나고 있다. 지급자족을 위한 DIYDo it yourself는 비용을 아끼거나 필요를 충족하는 개념이다. 집안의 주방이나 화장실의 고장 난 부분을 손수 고치거나 가구, 비누, 향초, 화장품, 패션, 공예에서 자동차 튜닝까지 직접 만들거나 문제를 해결하는 것이 유행인 것이다. 그런데 클릭 몇 번, 터치 몇 번으로 가성비 좋은 물건을 집으로 배달받는 시대에도 DIY는 성행하고 있다. 사람이 직접 만드는 수제품, 세상에 하나밖에 없는 제품의 가치를 더 소중하게 생각하기 때문이다. 이제 DIY는 새로운 가치를 창출하는 '창조 활동'으로 변화했다. 스트리밍 서비스를 통해 손쉽게 음악을 들을 수 있지만 손수 테이프를 자르고 붙여 1980년대 유행하던 '테이프'로 음악을 듣는다. 워드 프로세서가 보급되고 터치로 이야기를 전송하는 시대에 구형 타자기를 이용해 글을 쓰는 '타자기 마니아'들도 나타났다. 온수나 보일러는 물론 부엌도 수도 시설도 없는 곳으로 일부러 여행을 떠났다. 개인의 취향, 가치, 삶의 여유를 추구하는 창작 활동의 개념이 포함됐다. 이렇게 세상이 편리한 서비스만을 외치고 있을 때 뉴트로는 '불편을 소비'하는 새로운 구매 형태가 되었다.

더 불편하게 음악을 듣고 더 불편하게 글을 쓰고 더 불편하게 여행을 떠나면서 불편을 소비하고 즐기는 이들이 늘고 있다. 이들에게는 세상에 하나밖에 없는 나만의 경험이 매우 소중하다. 이러한 불편을 소비하고 새로운 경험을 추구하는 세대를 위한 오프라인 매장들도 속속 문을 열고 있다. 마케팅 전문가들은 온라인 유통의 성장세가 이어질수록 오프라인 매장의 효용과 가치는 더욱 높아질 것이라고 한다. 온라인 쇼핑으로는 인간의 오감을 만족시킬 수 없기 때문이다.

이제 주목할 것은 소비 패턴의 변화와 고객의 욕구가 어디를 향하는지를 파악하는 것이다. 연구조사에 따르면 현대인들은 물건을 사는 것보다 직접 경험하는 것에서 더 큰 행복을 느낀다고 한다. 고객을 구매할 대상으로만 여기는 기업과 매장은 매력이 없다. 오프라인 쇼핑 공간은 더 이상 물건을 사고파는 공간이 아니다. 과거 기업들은 오프라인 공간을 그들이 판매하는 제품과 서비스의 배경이라고 생각했다. 하지만 디지털은 공간 개념을 혁신적으로 파괴시켰다. 공간은 고객이 즐기고 체험하는 공간으로 재정의되고 있다. 마케팅 전문가들은 고객에게 물건을 팔려고 하기보다는 물건을 둘러싸고 있는 공간에 집중하고 물건에 대한 이야기를 만들어가는 과정에 고객을 참여시킴으로써 특별한 경험을 제공해야 한다고 말한다. 최근 들어 더욱 주목받고 있는 '경험' 마케팅이다. 이러한 고객들의 요구와 소비 패턴의 변화를 일찌감치 읽어낸 오프라인 매장들은 변화를 즐기며 혁신을 이루고 있다.

고객에게 공간에서 경험을 제공하라

몇 년 전까지 국내 선글라스 시장은 몇몇 수입 브랜드의 각축장이었다. 그 사이에서 한국 토종 브랜드로 승승장구하는 브랜드가 있다. 젠틀몬스터GENTLE MONSTER는 2017년 1,896억 원의 매출과 575억 원의 영업이익을 달성했다. 이후로도 사드 여파를 비켜 중국인 관광객에게 꾸준한 사랑을 받으며 실적 성장세를 이어왔다.

젠틀몬스터는 선글라스 단일 사업만 펼치고 있다. 2011년 설립된 이래 콧대 높기로 유명한 세계 1위 럭셔리 그룹인 루이비통 모에헤네시로부터 2017년 600억 원가량의 투자를 받았다. 전지현, 틸다 스윈턴과 같은 국내외 유명 연예인들과의 흥미로운 콜라보

젠틀몬스터 쇼룸 베쓰 하우스

(출처: 젠틀몬스터)

마케팅으로 주목을 받기도 했다. 하지만 젠틀몬스터의 성공에 가장 큰 역할을 했다고 평가받는 것은 바로 독특한 공간 마케팅이다.

2015년 5월 젠틀몬스터는 서울 계동의 옛날식 목욕탕을 개조한 쇼룸 '배쓰 하우스Bath House'를 오픈했다. 상용 목욕탕을 젠틀몬스터 콘셉트에 맞게 변화시켰다. 목욕탕으로 사용되던 보일러실, 사우나실, 욕탕 등을 원형 그대로 보존하고 공간 곳곳에 자연스럽게 선글라스와 안경 같은 제품을 노출했다. 그들이 실험적이고 혁신적인 공간을 통해 소비자들에게 전달하고자 하는 브랜드 정체성을 편하게 보여주는 식이다.

이전에도 젠틀몬스터의 '홈 앤 리커버리Home and Recovery'라는 콘셉트로 집과 치유라는 정서적인 맥락을 지닌 공간을 연출해 화제가 되기도 했다. 집에서 옷을 만들고 구두를 닦고 머리도 손질하는 등 다양한 행동을 통해 '힐링'을 받았던 정취를 다시 한 번 상기시켰다. 이렇듯 젠틀몬스터는 오프라인 매장을 쇼룸 형태로 제공하면서 고객 경험을 극대화하는 전략을 펼쳐왔다.

젠틀몬스터는 디지털 트랜스포메이션Digital Transformation 시대의 대표 주자로 꼽힌다. 공간을 제품 판매를 위한 배경이 아니라 그 자체의 존재감으로 소비자들에게 제공한다. 소비자들은 제품에 더 매력적으로 다가갈 수 있다. 젠틀몬스터의 독특한 공간은 수많은 사람들의 방문을 이끌었고 브랜드 인지를 높였다. SNS상에서 좋은 방문 후기가 쏟아지면서 수많은 소비자들이 시간을 내서 방문했다. 이처럼 오프라인 매장이 망하거나 없어지는 것이 아니라 기존 방식의 오프라인은 어렵고 새로운 콘셉트로 융복합을 시도해 체험할 수 있는 공간으로 변모한다면 살아남을 수 있다.

오프라인 → 온라인 → O2O → O4O로 진화되는 방향에서 O4O는 오프라인을 위한 온라인을 말한다. 오프라인이 없어진다면 왜 O2O 서비스 기업들이 O4O 서비스에 진출하겠는가? 분명 오프라인의 매력 포인트가 존재하는 것이다.

오프라인만이 할 수 있는 특별한 가치 전략

일본의 도쿄 긴자에는 '아코메야'라는 쌀가게가 있다. 터치 몇 번이면 맛있고 값도 싼 쌀이 집 앞까지 배송되는 시대에 오프라인 쌀가게가 어떻게 유지될까 싶다. 그런데 아코메야는 의외로 선전하고 있다.

아코메야의 핵심 전략은 '나만을 위한 맞춤 쌀을 판매하는 것'이다. 2013년 3월 문을 연 이래 일본 각지에서 생산된 쌀을 엄선해

아코메야 오프라인 큐레이션 매장

일본의 도쿄 긴자에 있는 쌀가게 아코메야. 아코메야의 핵심 전략은 '나만을 위한 맞춤 쌀을 판매하는 것'이다. (출처: 아코메야 페이스북)

고객의 기호에 맞게 도정한 후 판매한다. 아코메야는 세계에서 최고로 비싼 쌀을 판 기네스북 기록도 가지고 있다. 지난 2016년 아코메야는 일본에서 개발된 '킨메마이'라는 쌀 1킬로그램을 12만 원에 팔았는데 준비한 530세트가 완판되었다. 실제 아코메야의 매장은 기존 쌀가게와 비슷해 보이지만 고객이 느끼는 쌀 구매 경험은 색다르다. 아코메야에는 쌀 소물리에라는 전문가가 고객을 맞는다. '한 그릇의 따뜻한 밥에서 시작되는 행복'을 선사하기 위해 선호하는 밥이 어떤 스타일인지에 따라 적합한 쌀을 가격대에 맞춰 추천해준다. 직원은 도정한 정도에 따라 밥 짓는 방법이 달라진다며 원하는 밥을 짓기 위한 물의 양과 불리는 시간도 알려준다. 쌀을 보관하는 기간과 온도까지 가르쳐준다.

아코메야에는 쌀 소물리에라는 전문가가 고객을 맞는다. '한 그릇의 따뜻한 밥에서 시작되는 행복'을 선사하기 위해 선호하는 밥이 어떤 스타일인지에 따라 적합한 쌀을 가격대에 맞춰 추천해준다. (출처: 아코메야 페이스북)

미세한 틈새시장을 발굴해 맞춤 큐레이션 서비스를 제공한 사례이다. 기존의 일상적인 제품을 판매하는 오프라인 매장이라도 고객의 취향에 맞게 큐레이션해주거나 관련 교육을 받을 수 있다면 고객들은 불편을 감수하며 매장을 찾는다는 것을 보여준다. 아코메야는 품질은 좋지만 가격이 높아 잘 팔리지 않는 쌀도 구독 서비스로 고객에게 제공하는데 정기구독 서비스를 이용하는 고객도 많다.

아직까지 국내의 오프라인 매장은 제품판매에 초점이 맞춰져 있다. 상품 중심적 매장은 온라인과 경쟁에서 이길 수 없다. 팔려고 하면 고객은 도망가고 싶어진다. 마음을 움직여 구매라는 행동으로 이어지도록 해야 한다. 오프라인 매장은 온라인이 결코 따라올 수 없는 매력적인 공간으로 변신해야 한다. 또한 플랫폼 기업의 전략이지만 일상적인 것에도 특별함을 부여하는 디테일한 전략도 필요하다.

4장

혁신은 투쟁이 아니다!
경쟁할 수 없다면 함께 가라

1
모든 비즈니스는 플랫폼에 대비하라

플랫폼 시대 선언한 F.A.A.N.G

20세기 초 전기, 철도, 전화, 철강 등은 사람들의 삶에 새로운 편리함을 주면서 거대한 부를 쌓았다. 다음으로 하드웨어 제조업의 전성시대가 찾아왔다. 그리고 21세기 거대한 부의 원천은 '플랫폼'으로 옮겨갔다. 플랫폼이란 사람들이 열차를 타고 내리는 승강장처럼 온라인에서 상품과 콘텐츠를 사고팔거나 마케팅을 하는 일종의 장터를 뜻한다. 눈에는 보이지 않는 플랫폼은 '거대하고 빠르다.' 덕분에 일사불란하게 움직이는 힘으로 작용한다.

F.A.A.N.G으로 대비되는 '플랫폼 서비스의 시대'가 순항기에 접어들었다. 페이스북F, 애플A, 아마존A, 넷플릭스N, 구글G 없는 삶을 이제는 상상할 수 없다. 이들은 모두 '플랫폼 서비스'를 제공한다는 것 '높은 이익'을 창출한다는 공통점이 있다. 세계인 15억 9,000만 명이 이용하는 페이스북, 7,480만 명이 돈을 내고 온라인으로 영화

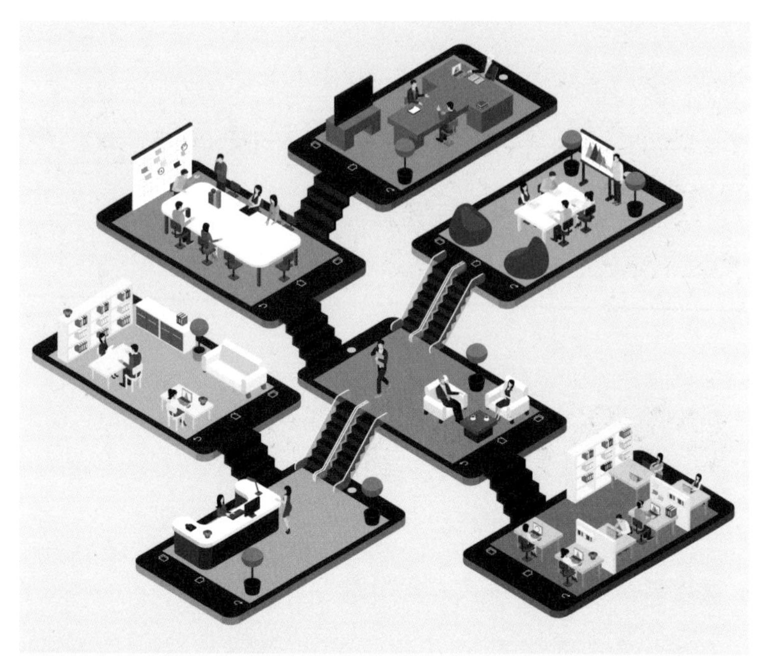

플랫폼은 원래 컴퓨터 시스템의 기반이 되는 하드웨어 또는 소프트웨어를 뜻하는 용어였다. 하지만 지금은 인터넷을 기반으로 다양한 서비스를 제공하는 IT 시스템으로 그 의미가 확대됐다.

와 드라마를 보는 넷플릭스, 미국 최대 온라인 쇼핑몰 아마존, 그리고 인터넷, 모바일, 동영상, 이메일 등 4개의 온라인 플랫폼을 장악하고 있는 구글은 모두 플랫폼 사업자다. 전 세계 이용자 수억 명이 몰리는 승강장(플랫폼)을 만들어놓고 여기서 고객을 태우려는 열차(기업)에서 플랫폼 사용료를 받는 게 이들의 주된 수익 모델이다.

F.A.A.N.G의 또 다른 공통점은 높은 이익률이다. 자신이 만든 물건을 파는 전통적 제조업은 꿈도 꾸지 못할 높은 이익률을 창출하고 있다. 예컨대 구글은 스마트폰 운영체제인 안드로이드에서 지금까지 벌어들인 매출이 310억 달러(약 38조 370억 원)에 이른다.

'페이스북·아마존·넷플릭스·구글' 설립 초기와 현재

구분		Facebook	amazon	NETFLIX	Google
설립 초기	설립자	마크 주커버그	제프 베조스	마크 랜돌프, 리드 헤이스팅스	래리 페이지, 세르게이 브린
	설립연도	2004년	1994년	1997년	1998년
	초기형태	하버드생 대상 인맥 형성 웹사이트	온라인 서점	비디오·DVD 우편·택배 대여 서비스	인터넷 검색 서비스
현재	주요 사업·수익원	-모바일 광고 -VR·AR, 동영상 콘텐츠	-온라인 커머스 -AI, 클라우드 서비스	-유료 동영상 스트리밍 서비스 -TV 드라마 등 콘텐츠 제작	-인터넷 광고, 안드로이드 -AI, VR, 클라우드 서비스
	누적 가입자	20억 명	유료회원 8,000만 명	9,875만 명	약 25억 명
	2016년 매출	276억 3,800만 달러(32조 1,429억 9,400만 원)	1,359억 9,000만 달러(158조 1,563억 7,000만 원)	88억 3,067만 달러(10조 2,700억 6,921만 원)	894억 6,000만 달러(104조 419억 8,000만 원)
	2017년 매출	406억 5,300만 달러 (46조 9,745억 4,150만 원)	1,778억 6,600만 달러 (205조 5,241억 6,300만 원)	116억 9,271만 달러 (13조 5,109억 2,987만 원)	1,108억 5,500만 달러 (128조 929억 5,250만 원)

(출처: '버핏 후회 부른 기술 기업 FANG의 진화', 머니투데이, 2017. 5. 27)

이 가운데 영업이익이 무려 220억 달러(약 26조 9,900억 원)이다. 제조업이나 서비스업에서는 매출의 약 70%를 이익으로 남기는 것을 상상조차 하기 어렵다.

플랫폼 비즈니스는 공을 들여 일단 플랫폼 구축에 성공하면 추가적인 비용은 최소화하면서 지속적으로 사용료를 거둬들일 수 있다. 구글은 세계 최대 온라인 검색 업체이며 전 세계 스마트폰 10대 가운데 8대가 구글의 안드로이드를 운영체제로 쓴다. 무료 동영상 서비스인 유튜브와 이메일 서비스 '지메일Gmail'은 월평균 10억 명 이

페이스북의 주요 수익원은 모바일 광고다.

상이 사용한다. 구글은 이런 검색, 모바일, 이메일, 동영상 등에 광고를 붙여서 매출을 올리는 비즈니스 모델을 가지고 있다.

F.A.A.N.G은 '짧은 역사'를 가지고 있다. 이는 플랫폼 시장의 높은 성장률과 앞으로의 무한 성장 가능성을 동시에 보여준다. 전무후무한 FANG의 역사에 대한 간단한 설명을 덧붙인다. 페이스북은 미국에서 가장 성공한 SNS 웹사이트이다. 2004년 2월 4일 당시 열아홉 살이었던 하버드 대학교 학생 마크 주커버그가 개설했다. 처음에는 하버드 학생만 이용할 수 있도록 제한된 사이트였다. 이후 가입 가능자 범위가 점점 넓어져 2006년에는 전자우편 주소를 가진 13세 이상의 모든 이들에게 개방됐다. 2006년 야후가 10억 달러에 이르는 인수제안을 했으나 주커버그는 거절했다. 2008년 말부터는 세계 최대 SNS 사이트였던 마이스페이스MySpace를 제치고 SNS 분야 선두 자리를 꿰찼다. 2017년 1분기 기준 월간 사용자 수는 20억 명에 달한다. 페이스북의 2017년 1분기 매출액은

80억 3,000만 달러에 영업이익은 33억 2,700만 달러를 기록했다. 이는 2016년 동기보다 각각 49%, 77% 증가한 수치이다. 페이스북의 주요 수익원은 모바일 광고다. 총 광고매출 78억 6,000만 달러 중 모바일 광고는 85%를 차지한다.

아마존은 세계 최대 전자상거래 업체로 그 시작은 인터넷 서점이었다. 제프 베조스는 1994년 7월 아마존의 전신인 '카다브라Cadabra'를 설립하고 7개월 후에 사명을 아마존으로 바꾸었다. 1995년 7월 16일 첫 정상 영업 개시 후 11개월 만에 인터넷 전자상거래 사이트로는 최초로 회원 수가 1,000만 명을 넘어섰다. 아마존은 이후 영화 DVD, 장난감, 전자제품 카테고리까지 판매 범위를 넓혔다. 또 원클릭 주문, 아마존 웹 서비스AWS, 초고속 배송 서비스인 아마존 프라임 등 새로운 서비스를 계속해서 내놓았다. 연회비 99달러인 아마존 프라임 서비스 가입자는 2017년 기준으로 8,000만 명을 넘었다. 아마존 웹 서비스 매출은 아마존 전체 영업 이익의 56.4%를 차지해 기존 유통 사업을 제치고 아마존의 신 성장동력으로 자리잡았다.

넷플릭스는 1997년 비디오와 DVD를 우편·택배로 대여해주는 서비스로 시작했다. 마크 랜돌프와 리드 헤이스팅스가 공동으로 설립했으나 설립 7년 후 마크 랜돌프는 회사를 떠났다. 넷플릭스는 기존 대여 업체와 달리 연체료를 없애고 구독료를 받기 시작했다. 월 사용료를 받고 비디오를 반납했을 때 다른 비디오를 보내주는 방식으로 운영됐다. 넷플릭스가 인터넷 스트리밍까지 사업을 확장한 건 설립 10년 후였다. 한 달에 9.99달러를 내면 콘텐츠를 무제한으로 볼 수 있는 서비스를 제공한다. 케이블 유료 방송 서

1998년 창업 초기 차고 사무실의 구글 창업자들. 왼쪽이 래리 페이지이고 오른쪽이 세르게이 브린이다. (출처: 구글 홈페이지)

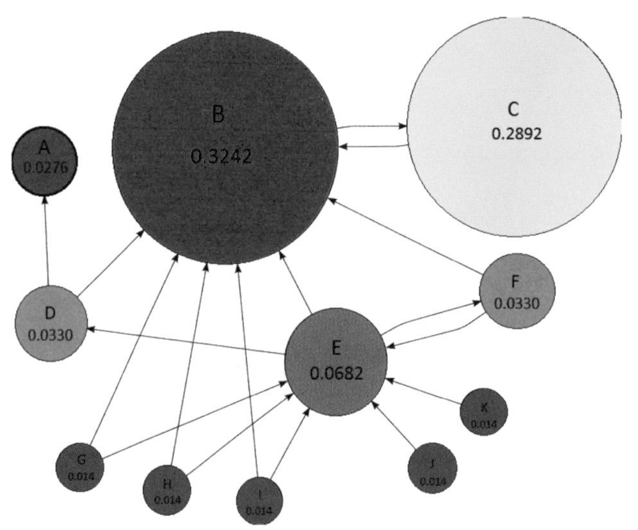

구글의 검색 알고리즘인 페이지랭크 개념도. 더 중요한 페이지는 더 많은 사이트로부터 링크되며 이 링크의 가중치를 계산해 각 페이지의 페이지랭크값을 산출한다.

비스보다 서너 배 낮은 가격을 내세워 케이블TV의 역할을 대체하고 있다. 2017년 기준 넷플릭스의 신규 가입자 수(미국 내외 포함)는 495만 명에 누적 가입자 수는 9,875만 명이다.

구글은 1998년 래리 페이지와 세르게이 브린이 공동으로 설립했다. 두 설립자가 개발한 '페이지랭크'라는 기술이 구글의 시초다. 페이지랭크는 검색어 관련 웹사이트를 중요도 순서대로 보여주는 검색 기술이다. 구글은 2000년 6월 세계 최대 검색엔진으로 올라섰고 10월부터는 검색 키워드 광고 판매를 시작했다. 이듬해인 2001년 3월 에릭 슈미트가 이사회 의장으로 임명되고 8월 CEO로 취임했다. 2004년 8월 19일 나스닥에 상장됐다.

2005년 구글맵과 세계 최초 위성영상지도 서비스인 구글어스를 출시했고 소프트웨어 업체 안드로이드를 5,000만 달러에 인수했다. 2007년 11월 최초의 휴대기기용 개방형 운영체제인 안드로이드 플랫폼을 발표했고 2008년 9월 오픈 소스 브라우저인 크롬을 출시했다. 구글의 지주회사인 알파벳의 구글 사용자 수는 전 세계 인터넷 사용 인구와 맞먹는 25억 명에 달하는 것으로 추정된다.

가치를 제공하면 규모는 커진다

오프라인 서비스 기업에 비해 온라인 플랫폼 기업의 진화는 매우 빠르다. 그 이유로 『하버드 비즈니스 리뷰』(2016년 4월호)를 비롯해 많은 전문가들은 '네트워크 효과'를 들고 있다.

기존 산업화의 경제 논리는 규모를 키워서 경쟁력을 갖추는 '규모의 경제' 성장 모델을 지향했다. 그러나 이러한 전통적인 성장 모델은 전통적인 '파이프라인 모델'이다. 한 기업이 거대한 파이프라인과 같이 사일로처럼 통제되는 형태에서 비즈니스를 진행한다. 누구나 와서 비즈니스를 할 수 있는 다이내믹한 시장의 모습은 기

네트워크 효과

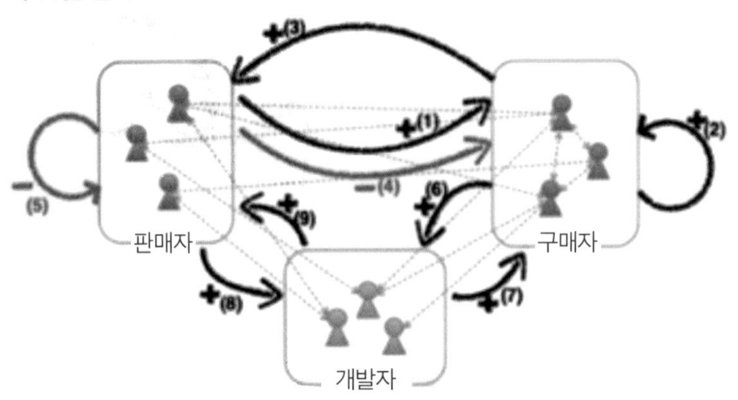

아마존의 네트워크 효과는 판매자, 구매자, 개발자로 이뤄져 있다. 이들 간의 네트워크 효과를 화살표로 나타냈다. 긍정적 효과는 +, 부정적 효과는 −로 표시했고, (1)~(9)의 번호는 복잡한 네트워크 관계 속에서 선순환을 만들기 위해 끊임없이 노력하고 있는 상황을 보여주고 있다. (출처: 오가닉미디어랩)

대할 수 없다. 엄격한 통제가 따른다. 다만 파이프라인에서는 더 큰 공장을 가진 이가 더 많은 제품을 처리할 수 있다. 단위 비용이 줄어들어서 규모의 경제를 실현할 수 있고 효율적 운영도 가능하다. 이전 대부분의 제조업은 모두 규모의 경제를 실현하면서 단위 비용을 낮췄다. 이렇게 경쟁자보다 싼 가격으로 시장에 제품을 내놓으면서 경쟁에서 살아남았다. 이를 위해 경영자는 자신의 기업에 대한 통제권을 강하게 거머쥐었다. 산업 전체를 잘 통제할수록 기업의 이익과 성장도 담보할 수 있었다.

이와 반대로 플랫폼 비즈니스는 가치를 제공하면 규모는 자동으로 커지는 '네트워크 효과'를 주요 성장동력으로 삼는다. 네트워크를 통해 연결되는 참여자의 수가 늘어날수록 고정비용은 획기적으로 감소할 뿐만 아니라 참여자들에게는 더 많은 가치가 돌아가게

되며 동시에 해당 플랫폼의 가치 또한 상승한다. 플랫폼 기반 비즈니스에서는 참여자 간의 거래 규칙뿐만 아니라 실제 활동에 대한 통제권도 참여자가 갖는다. 자율적으로 주어진 플랫폼의 규칙하에서 누구와도 거래할 수 있다. 참여자가 많아질수록 플랫폼의 가치는 더 커진다. 가치를 많이 제공하는 플랫폼에 사용자가 몰려드는 선순환 구조로 규모의 성장 속도가 눈 깜짝할 사이로 빠르다. 이러한 것을 '네트워크 효과'라고 한다.

산업사회는 '규모의 경제'를 실현하던 시대였다면 현대사회는 '네트워크 효과'가 발현되는 플랫폼의 시대이다. 고로 현대사회의 비즈니스라면 플랫폼 기반 비즈니스로의 전환을 고민하지 않을 수 없다. 그러나 전통적인 산업에 속한 일을 하는 대부분의 사람들의 고민은 '어떻게 플랫폼 기반 비즈니스로 전환할 것인가?'보다는 '어떻게 플랫폼 기반 비즈니스와 경쟁할 것인가?'에 머물러 있다.

확실히 경쟁하거나 아니면 함께하라!

대부분 기업은 현재의 경쟁력과 기업가치가 영원할 것이라고 생각한다. 만약 환경이 변화하지 않는다면 맞는 말이다. 하지만 우리가 사는 세상은 지속적으로 변화하고 있고 고객은 그 변화된 세상 속에서 살고 경험하고 있다. 언제까지 기존의 경쟁력이 전부라고 생각할 것인가? 각자의 경쟁력을 적절하게 활용하면 된다는 생각에서 벗어나 오프라인은 온라인을, 온라인은 오프라인의 욕구를 잘 파악하여 접근해야 한다. 먼저 비즈니스 생태계의 변화를 직시해야 한다.

'규모의 경제'와 '네트워크 효과'는 다른 성장 원리를 제시한다. 규모의 경제에서 네트워크 효과로 성장 원리가 변화하고 있지만 모두에게 답이 될 수는 없다. 이럴 때일수록 생태계 전체를 바라보는 시각을 키울 필요가 있다. 몸담고 있는 산업에 네트워크 효과가 잘 작동하는 산업이라면 '좋은 플랫폼이 되기 위한 전략'을 구상해 볼 수 있다. 하지만 산업이 여전히 규모의 경제에 속한 상태라면 무작정 플랫폼 전략을 따라갈 수는 없다. 두 가지 방법에서 선택을 해야 한다.

첫 번째, 오프라인 기반의 산업으로 플랫폼 비즈니스와 경쟁해야 하는 상황이라면 현명한 방법을 찾아야 한다. 강점을 지속적으로 혁신하는 방법이 최선이다. 두 번째, 오프라인 기업의 약점인 온라인 플랫폼 비즈니스를 새롭게 시작하기보다는 상생하거나 협업하는 방법을 선택하는 것이다. 미국의 유통산업에서 벌어지는 아마존과의 경쟁을 살펴보면 기존 오프라인 기업들이 두 가지 전략 중 각기 다른 선택을 하는 것을 쉽게 확인할 수 있다.

월마트는 아마존과 경쟁하며 맞대응하는 방향을 선택했다. 월마트는 자본력을 이용해 온라인 리테일 기업을 인수하고 기술 연구에 상당한 투자를 하는 전략을 펼치고 있다. 월마트의 온라인 쇼핑몰 인수 전략이 가진 이점은 인수 대상기업의 온라인 플랫폼과 고객을 확보할 수 있다는 점이다. 이렇게 되면 시장 진출이 쉬워진다. 인재 영입도 가능하다는 장점도 있다. 이러한 장점들은 온라인 리테일에 전문성이 없는 월마트의 약점을 보완해준다. 기술 연구에 대한 투자도 상당하다. 2012년 월마트는 고객의 얼굴을 인식해

서비스 만족도를 측정하는 시스템을 특허로 출원한 바 있다. 아직 매장에 적용되지 않은 것으로 알려졌으나 상용화하면 파급효과가 상당할 것으로 보인다. 4차 산업혁명의 첨단기술을 마트에 적용하는 프로젝트인 '스토어 넘버 에이트Store No.8'라는 조직도 만들었다. 스토어 넘버 에이트는 월마트 내의 '실리콘밸리'로서 오프라인 매장에 적용할 혁신기술 개발 및 스타트업을 양성하는 역할을 한다.

월마트와 달리 아마존과의 협업을 선택하는 기업들도 있다. 미국의 콜스Kolh's 백화점은 2017부터 아마존과 파트너십을 맺어 시카고 및 로스앤젤레스 매장에 아마존 환불 접수대를 만들었다. 이 서비스로 백화점은 고객들의 방문이 크게 늘어나는 효과를 얻었다. 아마존에서 콜스 드롭오프Kohl's Dropoff를 선택하면 고객이 있는 곳에서 가장 가까운 콜스 백화점 매장을 알려준다. 이곳을 선택한 후 매장을 방문해 반품하면 된다. 물건을 반납하면 콜스 백화점에서 사용할 수 있는 25% 할인쿠폰을 준다. 아마존의 리턴 프로그램을 실시한 후 콜스 백화점 방문객은 8.5% 증가했다. 특히 새로운 고객들이 유입되는 비중이 높았다. '악마와의 거래'라고 불리기도 했지만 두 회사 모두 시너지를 냈다는 평가를 받고 있다. 미국의 백화점들은 파산한 시어스처럼 고객들에게 외면받지 않기 위해 소비자 밀착형 서비스로 고객만족도를 올리거나 아마존과의 협업을 통해 고객을 매장으로 끌어들이고 있다.

2019년 1월에는 삼성전자에서 미국 라스베이거스에서 개막한 CES 2019 현장에서 "아마존, 구글과도 인공지능 플랫폼을 통해 협업한다"는 깜짝 발표를 했다. "아마존의 알렉사와 구글 어시스텐트가 막강하니 뒤늦게 시작한 삼성 빅스비가 그 틈바구니에서 제대로 경쟁력을 발휘하지 못할 것이다."라는 이야기에 대해서 선입견이라고 일축하고 생태계 확대를 위해 경쟁업체와 협업하겠다고 밝혔다.

사실 소비자의 입장에서는 전통적인 오프라인 매장이든 네트워크 효과를 발휘하는 온라인 몰이든 상관은 없다. 소비자는 자신에게 좋은 가치를 제공하는 채널을 선택한다. 기업은 이 점에 집중해야 한다. 고객별 이용 데이터에 따라 요구를 넘어 욕구를 해결하는 서비스를 제공해야 한다. 철저한 데이터 분석을 통한 정확한 타깃에게 맞는 서비스 구축을 위해 경쟁이든 상생이든 결정을 하면 된다.

오프라인 매장이 갖는 매력적인 장점을 온라인 플랫폼 기업도 잘 알고 있다. 온라인 플랫폼 기업도 오프라인으로 진출하는 O4O 서비스를 추진하고 있다. 새로운 경험과 가치를 제공하면서 고객 가까이 파고들 것이다. 온라인 기업과 오프라인 기업의 이해 조건이 맞는 부분이 존재한다는 이야기이다. 오프라인 기업은 온라인 플랫폼 기업과의 전략적 제휴나 적극적인 인수합병을 통한 유니콘 헤지 전략도 고려할 필요가 있다. 위험한 상황에서 가치가 떨어지는 것을 방지하기 위한 보험과 비슷하다. 오프라인과의 협업을 원하는 온라인 기업을 찾는 일은 생각보다 쉽지 않겠지만 온오프라인의 장점을 모두 제공하는 방법이야말로 플랫폼 세상에서 살아남는 가장 확실한 방법일 수 있다.

2
확장되는 플랫폼에 올라타라

그러나 안일한 편승은 패배를 부른다

노무라종합연구소의 미래유통 전문가 시로타 마코토는 『데쓰 바이 아마존』에서 일본의 한 백화점 사례를 소개한다. 이 백화점은 아마존에게 오프라인 공간을 내주고 프라임 회원을 유치해보려고 이벤트를 했다. 아마존에서 판매하는 인기상품 기획전이었다. 백화점은 아마존이라는 거대 유통사와 협업으로 시너지 효과를 기대했지만 '아마존에 공간을 내준 백화점'이라는 타이틀 외에 얻은 게 하나도 없었다.

많은 기업들이 '토이저러스의 파산'을 통해 눈치 챘겠지만 온라인 플랫폼이 대세라고 해서 가볍게 이에 편승했다가는 경쟁에서 패배할 수밖에 없다. 토이저러스는 제2차 세계대전이 끝나고 베이비붐이 일던 1948년 워싱턴 DC에서 아기용품점으로 문을 열었다. 장난감을 뜻하는 토이와 창업자인 찰스 라저러스Charles Lazarus를 합

토이저러스 창업자 찰스 라저러스

쳐서 두 번째 가게인 '토이저러스ToysRus'를 열었다. 토이저러스는 창립 이후 오랫동안 어린이들의 사랑을 받았다. 그러다 2000년대 월마트 등 대형마트에 장난감 할인 매대가 생기면서 위기를 맞았다. 그러다 2005년 최악의 경영 위기를 맞아 100여 개 매장의 문을 닫고 직원들 수천 명을 내보냈다. 그리고 거대 사모투자 기업에 66억 달러에 매각됐다. 2006년 토이저러스의 매출이 성장으로 돌아섰다. 2008년 금융 위기에도 굳건했다. 2005년 111억 달러였던 매출도 2011년 138억 6,400달러로 돌아섰다. 2006년 토이저러스는 가장 거대하고 독특한 플랫폼으로 성장하기 위해 체험장 중심으로 매장을 리모델링했다. 그러나 2012년을 기점으로 다시 매출이 감소하기 시작했다.

1994년 창업한 아마존은 1999년부터 본격적으로 장난감 시장에 진출했다. 그해 연말 토이저러스는 폭발적으로 몰리는 온라인 주문을 감당하지 못해 크리스마스 전에 배송을 못하는 사고를 겪었고 배송지연 벌금으로 35만 달러를 지출하기도 했다. 온라인 쇼

뉴욕 타임스퀘어에 있는 토이저러스 매장

핑의 위력을 실감한 토이저러스는 2000년 아마존과 10년 기한 독점 계약을 맺었다. 아마존에 토이저러스 온라인 매장을 구축하고 아마존이 이를 운영해주는 조건으로 연간 5,000만 달러와 매출액 일부를 약속했다. 이는 아마존의 뛰어난 인터넷 주문 기술을 활용하자는 안이한 선택이었다. 토이저러스로 들어온 고객을 아마존 사이트로 연계해주고 그곳에서 고객들이 장난감을 구매하도록 했다. 당해 토이저러스의 장난감 판매량은 전년 대비 세 배나 증가한 1억 2,400만 달러(한화 1,400억 원)을 기록했다.

하지만 불행은 갑자기 찾아왔다. 2003년 봄부터 다른 완구 업체들도 아마존에 장난감을 판매하기 시작했다. 아마존은 토이저러스의 최대 경쟁사가 됐다. 토이저러스는 2004년 아마존을 상대로 소송을 제기했고 법원은 두 회사가 10년 계약을 파기하고 아마존은 토이저러스에 5,100만 달러(약 557억 원)를 배상하라고 판결했다. 하지만 토이저러스의 승소는 비운의 시작이었다. 토이저러스는 배상금을 받았고 자체 온라인 쇼핑몰을 열었으나 이미 소비자는 아마존에 길들여져 있었다. 소비자는 토이저러스에서 장난감을 만져보고 아마존에서 구입했다. 전문가들은 "10년간 아마존에 의존하는 계약이 토이저러스의 디지털 전환 노력에 찬물을 끼얹었다"고 분석했다. 아마존은 오프라인에서 온라인으로 이동하는 소비자들의 쇼핑 트렌드에 대응하지 못했다. 단순히 아마존 플랫폼에 올라타 지름길을 가려던 토이저러스는 창립 60주년 만에 파산보호 신청에 들어갔다.

먼저 연구하고 그다음에 제휴하라

제휴를 통한 협업을 선택했다면 오프라인 기업은 먼저 연구부터 해야 한다. 기존 오프라인 비즈니스에서의 문제점을 먼저 파악하고 이를 해결할 수 있는 온라인 플랫폼을 찾아야 한다. 연계를 통해 어떤 문제를 해결할지 명확히 알아야 한다. 국내에서는 O2O 기업이 온라인의 유전자로 오프라인에 진출한 O4O 서비스 사례가 많지 않지만 플랫폼 기업의 오프라인 진출은 당연한 수순이다. 일례로 아마존도 온라인 유전자로 탄생한 기업이지만 오프라인 기업을 인수합병하거나 온라인의 유능한 유전자를 가진 오프라인 매장을 오픈해 O4O 서비스를 제공하고 있다. 아마존 북스와 아마존 고와 같은 오프라인 공간은 온라인의 데이터를 근간으로 한 프라임 회원을 위해 만들어졌다.

이처럼 온라인 기업들은 현실에서 고객을 만나고 싶은 욕구가 분명히 있다. 거기다 온라인 플랫폼 기업들도 치열한 경쟁 속에 있기 때문에 '사업 다각화'를 위해 오프라인과 협업의 필요성을 느끼게 된다. 이들 O2O 기업들의 욕구를 잘 캐치하면 온오프라인의 상생의 길을 구현할 수 있다. 그렇다면 어느 플랫폼을 선택해야 할까?

2019년 국내 유니콘으로 탄생한 우아한형제들의 배달의민족 음식배달 플랫폼 시장 연구 사례를 제시해본다. '배달' '음식주문'은 최근 가장 핫한 단어가 됐다. 배달시장이 그만큼 치열하다는 이야기다. 모든 플랫폼이 음식주문 배달에 뛰어들었다고 해도 과언이 아니다. 벤처기업인 우아한형제들이 독주해온 음식배달 시장은 2016년 12조 원에서 2017년 20조 원(업계 추산)으로 급팽창했다. 음식배달의 선두주자는 우아한형제들이 운영하는 배달의민족이 꼽힌다. 배달의민족은 2010년 출범해 유명 맛집 음식을 배달해주는 '배민라이더스'도 시작했다. '식당 홍보는 왜 전단지 홍보밖에 없을까? 모바일로 홍보하는 것이 더 효과적이지 않을까?'라는 질문에서 시작해 '양방향 중개를 해주면 되겠다'는 플랫폼 비즈니스를 설계했다. 이후 배달 용품 및 식자재를 유통하는 '배민상회', 반찬 및 가정식 배달 서비스 '배민찬' 등을 운영하면서 사업을 계속 확장해오고 있다. 이용자 수도 크게 증가해 2015년 초 500만 건 수준이던 월간 주문 수는 2018년 말 2,700만 건을 넘어섰다. 앱 다운로드 누적 수는 3,000만 건을 돌파했다.

초기 3억 원으로 시작한 배달의민족의 기업가치 '3조 원'으로 커졌다. 2018년에는 힐하우스 캐피탈, 세콰이어 캐피탈, 싱가포르투자청GIC 등으로부터 총 3억 2,000만 달러(한화 약 3,868억 원)의 투자를 유치하기도 했다. 배달의민족의 성공 이후 지난 1~2년 음식 주문 플랫폼에 뛰어든 기업은 하나 둘이 아니다. 네이버, 카카오, 쿠팡, 위메프, 우버 등 국내외 플랫폼 기업들이 모두 뛰어들었다. 선발주자인 배달의민족의 운영 기업 우아한형제들은 후발주자인 '쿠팡이츠'를 영업비밀침해 및 불공정거래 협의로 공정거래위원회에 신고하기도 했다. 배민과 계약을 맺은 식당 업주들을 상대로 기존 계약을 해지하면 큰 혜택을 주겠다고 했기 때문이다. 경쟁 과열을 보여주는 사례다.

시장에서는 '제 살 깎아먹기' 할인도 나타난다. 독일기업인 딜리버리히어로의 음식 주문앱인 요기요가 '치킨반값' 이벤트를 시작하자 배달의민족은 '치킨 0원' 행사로 맞불을 놓았다. 행사 때마다 앱이 먹통이 될 정도로 고객이 몰렸다. 업계에서는 두 회사가 시장 점유율을 지키기 위해 연간 1,000억 원 안팎의 마케팅비를 쏟아붓고 있다고 보고 있다. 이렇게 음식배달 시장이 커지는 이유는 온라인 모바일 쇼핑과 마찬가지로 주문 결제가 쉽고 편해지면서 배달 메뉴가 확장되었기 때문이다. 기존에는 짜장면, 치킨, 피자가 배달 주요 품목이었다면 이제는 유명 맛집의 회, 삼계탕, 삼겹살 등도 배달이 된다. 시장이 계속 확장되고 있다. 또한 신선식품과 가정식 대체식품HMR 제품에 대한 수요도 많아지면서 배달 물품 자체가 늘어나고 있다.

하지만 이러한 무분별한 '제 살 깎아먹기식' 마케팅 전쟁이 모두에게 좋은 것은 아니다. 일부 가맹점주들은 "우리가 피해자."라고 나서고 있다. '치킨반값' '치킨 0원' 행사 시에 플랫폼에 탑승하지 않은 치킨 집들은 장사를 못하게 되기 때문이다. 이로써 플랫폼에 대한 의존도만 커진다는 비판이 있다. 플랫폼에 탑승했는데 '맛이 없다'는 후기나 리뷰로 장사가 안 되는 음식점도 생겨났다. 이를 두고 플랫폼의 권력, 승자 독식의 가속화라고 비판하는 이들도 있다.

그럼에도 배달 앱은 고객 관점에서는 맛있는 음식을 원하는 곳에서 쉽고 편리하게 주문해 먹을 수 있다는 엄청난 혜택이 있다. 플랫폼의 음식배달앱을 이용하는 고객은 두 가지 유형으로 나뉜다. 첫 번째는 B2B 고객으로 음식점 사장님들이다. 이 분들이 등록해야 수수료나 광고비를 받아 매출을 창출할 수 있다. 두 번째는 B2C 고객으로 음식점에 주문해 배달시켜 먹는 고객이다. 배달이용 고객에게는 앱 사용 시 편리한 시스탬, 정보, 이용후기 등을 제공해주고 수수료를 받는 시스템이다.

배달의민족 플랫폼은 2015년 B2B 고객 중심의 서비스를 위해 '바로 결제 수수료 0원 서비스'를 시도했다. 당장의 이익보다는 고객 확보를 하겠다는 전략이었다. 6개월 만에 수수료 0%를 적용받는 '바로결제(자체 플랫폼 결제) 주문'이 85% 성장을 보이는 성과를 달성했다. 이후로도 우아한형제들은 다양한 활동으로 1위 자리를 고수하고 있다.

우아한형제들은 사회공헌 활동으로 배민아카데미를 통해 가맹점주 매출신장을 위한 무료교육을 하고 '배달원들의 높은 사고율'이라는 배달 산업의 고질적 문제를 줄이기 위해 '민트 라이더' 캠페인과 교육도 진행했다. 가맹점의 위생관리를 개선하기 위한 '청

배달의민족의 플랫폼

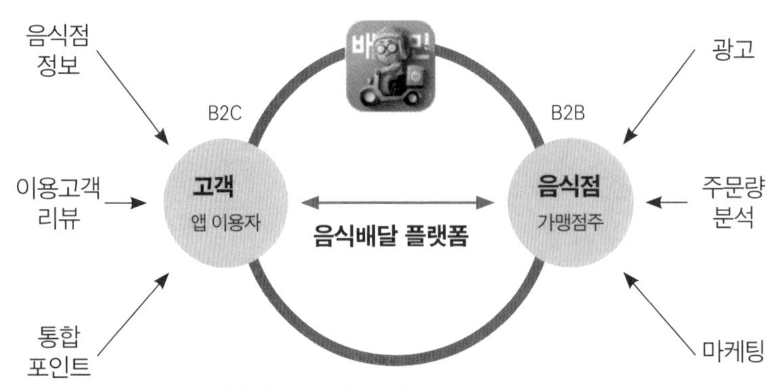

(출처: 우아한형제들의 배달의민족 홈페이지 참고 재구성)

결왕 프로젝트' 그리고 주문한 음식이 이상하거나 배달과정에서 부당한 대우를 받을 경우 주문 금액의 최대 100%를 환불해주는 '배달음식 안심센터', 소비자의 알 권리를 충족시키고 배달음식에 대한 신뢰도를 높이기 위한 목적으로 가맹 업소와 함께 '배달음식 원산지 표시 의무화'도 실시했다.

우아한형제들이 다양한 서비스에 열을 올리는 이유는 플랫폼이 승자 중심의 비즈니스이기 때문이다. 플랫폼 서비스는 대표적인 고객 밀착형 비즈니스이다. 어떤 제조업이나 어떤 서비스업보다 고객 밀착도가 높다. 한 번 고정이 된 고객은 다른 플랫폼으로 이동하기 어렵다. 그렇게 승자가 차지하는 비율이 점차 높아진다. 게다가 고도의 IT 기술과 배송 경쟁력을 바탕으로 공격적인 투자를 통해 온라인 시장으로 고객을 끌어들이고 있다. 향후 몇 년간은 음식배달 플랫폼의 경쟁은 계속될 것이다. 누가 최강자가 될지도 아직은 지켜봐야 한다.

오프라인의 문제점을 해결하라

플랫폼 비즈니스는 점차 작은 기업과 작은 규모의 사업에도 영향을 미치고 있다. 소상공인도 이제 플랫폼 비즈니스 방향으로 고민해야 한다. '어떤 음식배달앱과 제휴를 할까?'보다 더 심도 있는 고민이 될 것이다. 식당은 전형적인 오프라인 매장이다. 음식배달앱이 성행하고 있지만 배달보다는 찾아오는 손님을 상대하는 식당이 훨씬 많다. 식당을 차리기를 원하는 소상공인도 상당하다. 그런데 식당을 차리는 일은 쉬운 일이 아니다. 선 투자해야 하는 비용으로 인테리어, 권리금, 임차료와 운영하면서 추가적으로 투입되는 인건비 등의 유지비용이 많이 들어간다는 점이 가장 일반적인 리스크이다.

플랫폼 비즈니스를 선택하면 이러한 오프라인의 문제점을 보완할 수 있다. 기존 음식배달 플랫폼에서 공유 비즈니스를 도입해 '공유키친'이라는 서비스를 개발했다. 우아한형제들이 운영하는 '배민키친'은 여러 맛집 주방을 한 곳에 모아놓은 O2O 조리시설이다. 셰프와 스태프가 상주하고 있지만 오프라인 식당 공간은 없다. 만들어진 음식은 '배민라이더스'가 집이나 사무실 등 어디든 원하는 곳 원하는 시간에 배달한다. 주문 접수 후 주방에서 조리를 하고 배달은 라이더가 하기 때문에 시간이 단축된다. 레스토랑에서 먹던 맛과 거의 같은 품질로 서비스 제공이 가능하다. 주요 거점별로 여러 레스토랑 주방을 한데 모아놓았기 때문에 임대료 부담 적고 고객 로열티를 높일 수 있다.

원래 푸드 서비스는 제조와 서비스가 오프라인에서 한 번에 이

우버 공동창업자가 설립한 클라우드키친

루어진다. 하지만 이렇게 키친 공유 모델이라면 제조와 서비스가 분리된다. 그럼에도 모든 데이터는 축적 가능하다. 그것도 고객 한 명 한 명의 주문 현황과 주문한 메뉴들과 리뷰까지도 모두 데이터로 남는다. 딜리버리히어로의 셔플리, 심플프로젝트컴퍼니의 위쿡, 에이치에이티의 심플키친 등도 배민키친 같은 공유키친을 제공한다. 또한 우버의 창업자가 만든 CSS라는 회사는 공유키친+배달 중개 앱을 연계한 '클라우드 키친' 서비스를 제공하고 있다. 공유키친의 장점은 다품종 소량생산이 가능하다는 점이다. 개인맞춤화된 소량 생산에 초점이 맞춰진다.

플랫폼 기업과의 협업은 오프라인 기업에서는 해결하지 못하는 고객의 욕구를 해결하는 데 도움을 줄 수 있다. 역으로 오프라인 기업이 플랫폼 기업의 욕구를 해결해줄 부분도 있을 것이다. 고객에 대한 감성적 데이터를 모으거나 고객과의 직접 소통 창구로서 오프라인 서비스는 충분한 가치를 제공한다. 앞으로의 O4O 서비스는 온오프라인의 접점 서비스가 될 것이다. 오프라인 기업으로 O4O 서비스에 동참하는 길을 찾는 것도 해법이 될 수 있다. 하지만 기존의 오프라인 비즈니스 관점의 접근이라면 플랫폼이 진출한 O4O와는 점점 더 거리가 멀어질 것이다. 플랫폼 관점에서 오프라인을 바라봐야 O4O 서비스가 보일 것이다.

3
라스트마일에 집중해야 한다

라스트마일로 승부한다

기존 오프라인 기업과 플랫폼 기업 사이에는 많은 차이점이 존재한다. 대표적으로 오프라인 기업의 내부는 '사일로 조직'으로 구성되어 있다. 회사 안에 담을 쌓고 외부와 소통하지 않는 부서들이 모여 있다. 고객과도 마찬가지다. 최종 전달되는 제품과 서비스는 고객과의 접점에서만 잘하면 된다. 내부에서 여러 문제가 발생할 수 있지만 표면적으로는 고객과 접점 직원이 어떻게 했느냐에 따라서 결과가 나온다. 기존 사일로 조직에서 고객만족 부서가 담당하는 부분이 여기였다. 근본적인 문제를 해결하기 위한 투자나 노력은 덜 하는 경향이 있다. 산업 측면에서도 보면 상품을 제조하거나 서비스를 개발하면 '물류나 유통'은 택배회사나 유통업계에서 하는 것이었다. 제조업이나 서비스업은 제품이나 상품 자체만 연구하고 고객 접점에 대한 연구는 덜했다.

반대로 플랫폼 기업들은 제품을 판매하거나 서비스를 제공하더라도 '라스트마일'까지 고려해 비즈니스 모델을 구축한다. 라스트마일이란 '사형수가 집행장으로 걸어가는 마지막 길'이라는 뜻을 가지고 있는데 플랫폼 기업이나 물류와 유통업계에서는 '상품이 최종 목적지까지 배송되는 과정'이라는 의미로 확장되어 사용되고 있다. 플랫폼 기업의 라스트마일 집중 전략은 플랫폼 기업의 기업가치와 연결된다. 플랫폼 기업은 상품이나 서비스가 주요 제품과 서비스라고 해도 그보다는 고객의 욕구에 집중한다. '최종 전달되는 서비스에서 어떤 평판을 얻으며 고객 욕구를 해결해줄까?'에 가장 큰 관심을 갖는다.

최근 성장하는 플랫폼 기업들은 모두 '라스트마일'에 집중하고 있다. '쿠팡이 쏘아올린 라스트마일 전쟁'이라는 타이틀이 기사화될 정도이다. 오프라인 기업에게는 플랫폼 기업의 라스트마일 전략을 확인할 수 있는 기회이다. 거기서 오프라인 기업들에게 남겨진 틈새시장을 찾을 수 있다. 쿠팡은 당일배송인 로켓배송, 쿠팡맨 등으로 차별화된 서비스 전략을 펼쳤다. 뒤를 이어 모든 이커머스와 기존 유통업계의 당일배송이 시작되었다. 이밖에 이베이코리아에서 선보인 '스마일박스', 메쉬코리아 '부릉VROONG', 롯데마트 '당일배송', 이마트몰 '예약배송', G마켓 '옥션' 홈플러스 '당일배송', 미국의 아마존, 중국의 징동닷컴, 우아한형제들 '배달의민족', 글로벌 데카콘인 우버 등도 모두 차별화된 전략을 가지고 있다.

사실 현재 각 플랫폼들이 펼치는 라스트마일 전략은 플랫폼의 성공과 직결된다고 해도 과언이 아니다. 상품과 서비스의 최종 도

착지는 고객이다. 그간 물류-유통의 라스트마일에서는 항상 문제가 발생했다. 배달 사고, 불친절, 제품 손상에 대한 실망은 플랫폼에 대한 실망으로 이어진다. 플랫폼은 라스트마일에서 고객을 사로잡지 못하면 살아남을 수 없다.

라스트마일 문제를 해결하기 위해서는 안정적이고 효율성 높은 물류 인프라와 고객 정보를 기반으로 한 '온디맨드on-demand' 서비스가 필요하다. 모바일을 포함한 정보통신기술 인프라를 통해 소비자의 수요에 맞춰 즉각적으로 맞춤형 제품 및 서비스를 제공하는 서비스에 사활을 걸어야 한다.

스마일박스부터 로켓배송까지

라스트마일 배송 전략을 사용한 기업의 사례로 이베이코리아에서 선보인 '스마일박스', 메쉬코리아의 '부릉', 쿠팡의 '쿠팡맨' '로켓배송' 그리고 미국의 아마존의 전략을 살펴보자.

이베이코리아는 GS리테일과 협업해 온라인에서 주문한 상품을 편의점에서 픽업할 수 있는 '스마일박스' 서비스를 개발했다. 1인 가구, 맞벌이 부부, 다세대 주택 거주자 등 정규 배송 시간에 택배를 수령하기 어려운 고객을 겨냥한 서비스로 연중무휴 이용 가능한 서비스인 것이다. 고객이 언제든 상품을 수령할 수 있는 환경을 조성해 온디맨드 편의성을 극대화했다. 또 기사들이 도심 속을 헤집고 집집마다 방문해 배달해야 하는 상품들을 공동 장소에 배달시키게 되어 라스트마일 배송에 소요되는 시간과 비용을 줄일 수 있다. 스마일박스는 2017년도 전국 편의점에 400개 설치했으며

2030세대에게 큰 인기를 끌고 있다.

쿠팡은 라스트마일 전략으로 감성 마케팅과 당일 배송 서비스를 내세우고 있다. 예전에는 무뚝뚝한 익명의 배달 아저씨라고만 인식되던 택배 기사들에게 '쿠팡맨'이라는 이름을 부여해 친근감을 조성했다. 여기에 쿠팡맨들이 고객에게 친절한 서비스를 제공하며 라스트마일 배송 과정에서 고객과 기업이 직접적으로 소통할 수 있는 기회를 만들었다. 고객을 감동시키는 감성 마케팅으로 고정 고객을 확보한 뛰어난 전략이다. 또한 쿠팡맨들은 라스트마일 배송 과정에서 '로켓배송'이라는 온디맨드 서비스를 한다. 이 배송 서비스는 주문한 다음날까지 최대한 빠르게 상품을 전달받을 수 있도록 했다. 오늘밤 생수나 롤페이퍼가 떨어지더라도 걱정이 없다. 오늘 밤 12시 전에만 주문하면 다음날 집 앞에 배송받을 수 있으니 고객은 시간을 할애하여 마트를 가서 무거운 생필품을 들고 오지 않아도 된다.

메쉬코리아는 230억 원의 투자를 유치한 '물류' 기업이다. 국내 굴지의 대형 유통업체 및 제조업 등 많은 대기업들과 서비스를 제휴하고 있다. 100명 이상의 직원 중 개발자가 절반일 정도로 이쪽 업계에서 가장 IT를 사랑하는 기업이다. 메쉬코리아 서비스는 크게 세 가지로 나눌 수 있다. 하나는 B2B 물류 서비스 '메쉬프라임'이고 둘을 B2C 음식배달 서비스 '부탁해'와 B2B, B2C 모두를 지원하는 물류 솔루션이자 인프라인 '부릉' 서비스가 있다. 메쉬프라임은 당일배송 서비스인 'N배송', 실시간 배송 서비스인 'R배송'으로 구분하고 있다. N배송은 고객 물류 센터에서 메쉬코리아의 TC-

Transfer Center로 사륜차로 집하된 화물을 다시 메쉬코리아의 지역별 SSService Station로 사륜차 운송한 후 최종 고객에게 이륜차로 배달해 주는 사륜-이륜차 복합운송 방식의 서비스이다. R배송은 쉽게 말해 '이륜차 직배송' 방식의 서비스이다. 고객 주문이 발생한 매장 재고를 확인해 매장 픽업 후 바로 고객에게 배송되는 방식이다. 부릉은 메쉬코리아의 TMSTransportation Management System와 '부릉스테이션'을 포함한 오프라인 인프라를 포괄하는 개념이다. 부릉스테이션을 메쉬코리아의 아웃소싱 기사들의 쉼터 겸 물류거점으로 활용되는 곳이다. 메쉬코리아는 일부 직영망을 제외하고 전국 배달대행 업체에 솔루션을 공급하고 실제 물류는 협력업체가 담당하는 아웃소싱 방식으로 물류망을 구축했다. 부릉스테이션이란 그중 일부 배달대행 업체와 협의를 통해 부릉 간판을 다는 등 새로운 거점을 공동 구축한 것이다. 메쉬코리아 관계자에 따르면 현재 전국 40여 개의 부릉스테이션을 구축했다고 한다.

아마존은 현재 스마트 데이터, 인공지능, 클라우드, 자율트럭, 로봇, 드론을 이용한 물류배송 하이퍼루프의 구축과 배송 서비스를 할 수 있는 유일한 배송업체이다. 또한 자율차의 필수적인 기술인 카메라, 레이더, 라이더 센서를 개발하는 소프트웨어 엔지니어, 딥러닝과 머신 러닝 전문가 인력을 확보하고 있으며 최대 기술은 고객의 빅데이터가 아니라 잘 정제되고 표준화된 스마트 데이터를 이용해 분석하고 있다. 20년 동안 유통 네트워크와 고객의 행동과 경험 등에 관한 수십억 개의 데이터 포인트를 구축했으며 12개 이상의 데이터 센터를 설립했다. 전세계 120개의 물류창고를 가지고 있고 이들의 유통망 시스템은 분권형이어서 중앙의 물류 시스템과 이들 지역별 물류센터를 가장 빠르게 연결할 수 있는 이상형 시스템이다. 따라서 자율트럭과 로봇과 드론을 투입해 고객들이 주문한 아이템을 가장 빠르게 배송할 수 있는 라스트마일 서비스 시스템을 갖춘 유일한 기업인 것이다.

고객의 욕구는 계속 변화한다

플랫폼 기업의 라스트마일 전략이 핵심인 이유는 고객의 욕구가 다양해졌기 때문이다. 1인 가구와 맞벌이 부부가 증가하고 있고 치열한 물류 경쟁으로 단순히 물건이나 서비스를 전달한다는 개념을 넘어 차별화된 경쟁력에 따라 기업의 성패가 달려 있다. 그렇다면 기존 오프라인 기업들은 어떨까? 고객의 욕구 다양화와 치열한 경쟁을 같이 경험하고 있다. 새롭게 등장한 플랫폼 기업들과의 경쟁에서도 살아남기 위해 막대한 투자를 하고 있지만 기술 투자에 있어서는 뒤처져 있는 것이 현실이다.

스마트폰으로 모든 것이 가능한 세상이다. 점차 개인화된 서비스의 수준과 경험이 높아질 것이다. 다품종 대량생산, 단체고객을 상대하는 서비스업계, 매스 고객(대중)이 타깃인 사업의 경우 세분화된 고객의 욕구를 충족시키기가 어렵다. 라스트마일처럼 개별 고객의 만족도를 높이는 서비스에 취약할 수밖에 없다.

사실 처음에 쿠팡이 쿠팡맨 로켓배송을 시작할 때 고객 입장에서는 감동적인 서비스였으나 경영자 관점에서는 '적자투성이 회사에서 이렇게까지 비용을 들이면서 왜 이런 서비스를 할까?' '남는

게 있을까?'라는 우려가 쏟아졌다. 적자를 감수하면서도 로켓배송을 계속하는 데는 쿠팡의 라스트마일 전략이 숨어 있었다. 바로 고객욕구 해결을 위한 큰 그림이 있었다. 택배 업체에 의지하기보다 독자적으로 자체 배송 시스템을 구축해 당일배송 네트워크를 구축해 경쟁력을 장착한 플랫폼 기업의 라스트마일 서비스가 더 효과적이라는 것을 진즉에 간파하고 있었다.

O2O 기업은 조직의 탄생 DNA부터가 고객에게 맞춰져 있다. 그들을 따라가기 위해서는 그들의 아이디어, 그들의 실행력, 그들의 전략에서 아이디어를 가져와야 한다. 오프라인 기업도 경계를 나누지 말고 라스트마일 전략에 주의를 기울여야 한다. 고객 욕구의 문제를 해결해줄 수 있는 온디맨드 서비스야말로 고객의 갈증을 해소해주는 단비가 될 것이다. 또 기업 관점에서도 개별 고객의 전체 프로세스에서 고객 경험 데이터를 확보할 수 있게 되고 데이터를 분석해 더 고객에게 필요한 서비스를 제공하는 선순환 구조를 완성할 수 있는 유일한 방법이다.

플랫폼 기업을 가장 많이 창출한 실리콘밸리에서 기업의 혁신 컨설팅을 하는 파운더스 스페이스 CEO 스티브 호프먼은 "혁신은 선택이 아니라 비즈니스 세계로의 입장료이다."라며 기업의 규모가 크든 작든, 어떤 산업에 있든, 오프라인 기업이든, 플랫폼 기업이든 모두 해야만 하는 것이 점진적 혁신이 아니라 급진적 혁신이라고 강조했다. 그는 저서 『코끼리를 날게 하다』에서 한국 기업은 플랫폼 서비스와 같이 최근 나타나는 새로운 서비스 기업들을 '기술기업'이라는 인식이 강한데 독보적인 기술이 있다고 해서 모두 성공하는 것은 아니며 오히려 '기술의 덫'에 걸려 고객이 필요로 하지도 않는 제품이나 서비스를 만들며 시간과 자원을 허비하는 경우가 부지기수라는 것을 안타까워했다. 또한 거창한 비전이나 많은 예산이나 충분한 시간 여력도 오히려 혁신에는 독이 될 수 있음을 강조했다.

성공적인 온오프라인 기업을 넘어 모든 기업의 위기 탈출을 위해서는 먼저 용기가 필요하다. 최고경영자부터 플랫폼 기업에 대한 끊임없는 연구와 이해가 필요하다. 또한 플랫폼도 지속성장하기 위해서는 오프라인 채널 그리고 고객에 대한 이해가 필수다. 이런 끊임없는 새로운 서비스에 대한 연구와 사람에 대한 연구를 통해 오프라인에 적용해보는 시도가 혁신이 되고 결국 혁명을 일으키는 것이다. 하지만 혼자서는 역량의 한계가 존재한다. 그렇다고 직원 한 명을 스카우트한다고 될 일도 아니다. 오프라인 기업은 태생부터 다른 DNA로 구성된 플랫폼 서비스이기 때문에 오프라인에게 필요한 기술을 이미 확보한 스타트업이나 유니콘을 인수합병하거나 전략적 제휴를 통해 시작하는 것을 제안한다. 또한 인수한 플랫폼 서비스의 기술만 믿고 시작했다가는 고객에게 외면받게 될 것이다.

성공한 플랫폼 서비스는 그 누구보다 더 고객 접점인 라스트마일에 집중해야 한다는 것을 잊지 말자. 또한 온라인이나 플랫폼 기업은 기술력이 아니라 고객 욕구에서 출발한 아이디어가 라스트마일까지 잘 연결될 수 있도록 해야 살아남는 1% 지속성장하는 기업이 될 수 있을 것이다.

CS의 재탄생

초판 1쇄 인쇄 2019년 8월 20일
초판 1쇄 발행 2019년 8월 26일

지은이 정지현
펴낸이 안현주

경영총괄 장치혁 **마케팅영업팀장** 안현영
디자인 표지 최승협 본문 장덕종

펴낸곳 클라우드나인 **출판등록** 2013년 12월 12일(제2013 - 101호)
주소 우) 121 - 898 서울시 마포구 월드컵북로 4길 82(동교동) 신흥빌딩 6층
전화 02 - 332 - 8939 **팩스** 02 - 6008 - 8938
이메일 c9book@naver.com

값 16,800원
ISBN 979 - 11 - 86269 - 32 - 0 03320